観月環のスペースメイキングシート

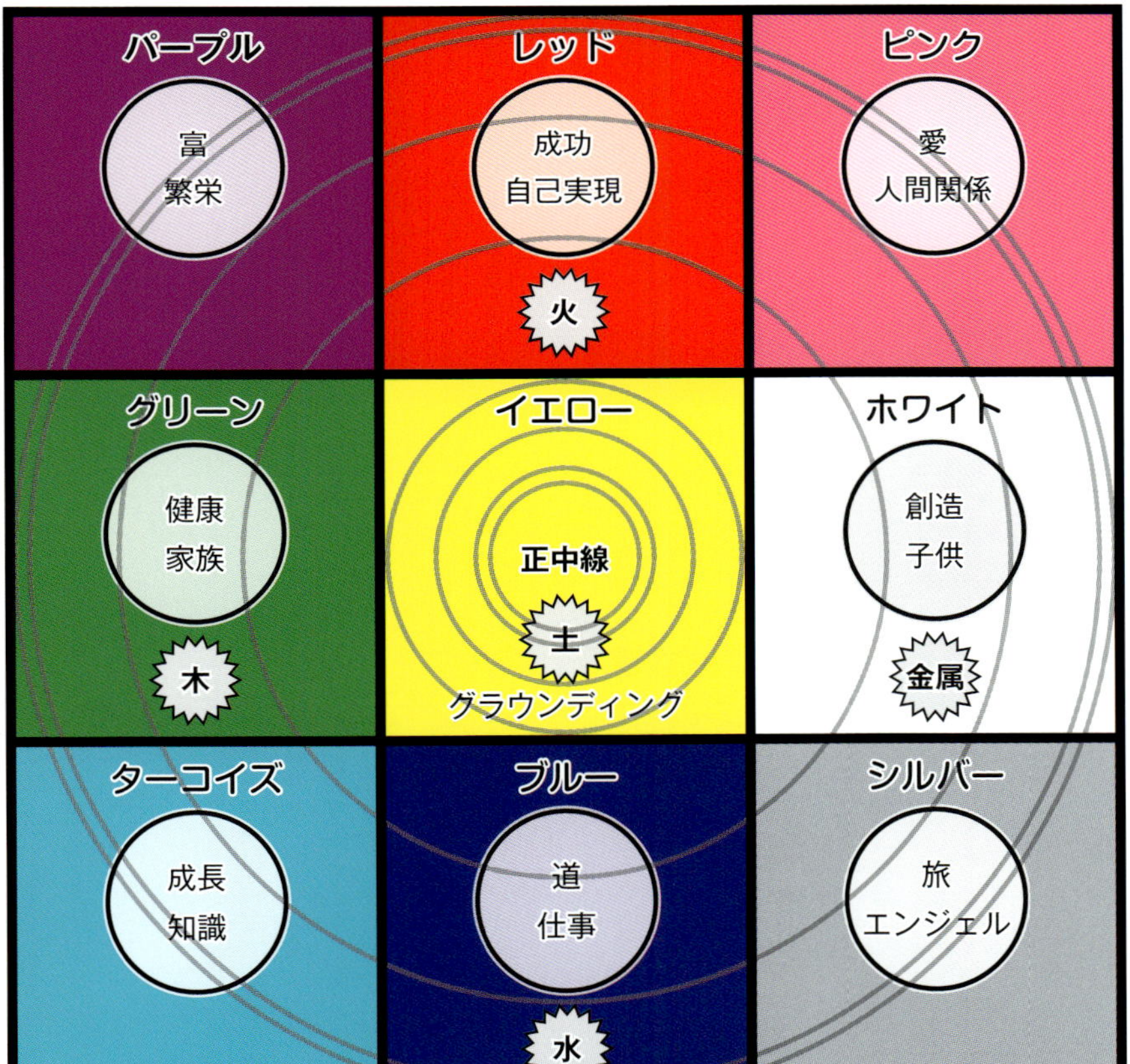

入口
（エネルギーの流れ）

イエロー　正中線（中心）　土　グラウンディング

ここは自分が瞑想する場所です。自分が入り口のほうに向いて瞑想しているイメージです。できれば物を置かないほうが望ましいです。もし、スペースを空けることができない場合は、四角や正方形のものや陶器を置くといいでしょう。四角や正方形のもの、陶器を置くという意味は、安定化を図るためです。テーマは「バランス」です。色は、イエロー、明るめの茶色、薄い茶色、土の色などがいいでしょう。砂漠の写真はＯＫです。

ブルー　道&仕事　水

ここに置くと良いものは、曲線を描いている道と川、自分自身が理想とする仕事の写真やイメージです。テーマは「流れ」です。水のイメージであり、物事を深め、変化をもたらします。水の入った花瓶や容器、鏡、波型のもの、抽象的なものを置くといいでしょう。入り口近くに水槽を置いたり、亀のイメージを飾ってもいいでしょう。亀は自分の家を常に背負っていますが、私たちは家を離れているときでも、亀のように自分の家のエネルギーを持ち運んでいると言えるからです。色は青、黒、ダークトーンなどがいいでしょう。滝や川などの写真はＯＫです。

ターコイズ　成長&知識

知識を深めたいと思っていることが書かれている本や本棚を置いてください。このエリアには、青と緑が交じり合ったトルコ石のような色や、山のイメージのものを使うといいでしょう。スピリチュアリティが開花していくシンボルとされている蓮やバラの花や、自分にインスピレーションを与えてくれるスピリチュアル・ティーチャー（キリストなど）、アインシュタインやダ・ヴィンチのような自分が表現したい性質を持っている人のイメージを飾ってもいいでしょう。テーマは「教訓」です。

グリーン　健康&家族　木

家族の写真を置くといいですが、このエリアに昔の家族写真や亡くなられた方の写真を置くのであれば、その横に必ず過去６ヶ月以内に撮った新しい写真を置いてください。緑豊かな風景画や、健康的に育っている植物（とげとげしていないもの）、生花や造花を置くのもいいでしょう。また、理想的なプロポーションの人の写真を飾るのもＯＫです。テーマは「成長」です。拡大をもたらします。木で作られたもの、観葉植物、花、綿、お茶、緑色の色合いを持っているもの、長方形、円柱の形、木や花の写真や絵、緑を描いた情景などを置くといいでしょう。

パープル　富&繁栄

生活の中で最も愛しているものを置くといいでしょう。それによって、人生がより豊かになっていきます。電化製品もOK。お金を作り出したいなら、このエリアにお金の写真やイメージを飾ってもいいでしょう。富と繁栄のエリアで大切なテーマは「容れ物」です。お金もバラバラにいろんなところに置くのではなく、一箇所にまとめてください。容れ物の中にひとつにまとめておくと、自分の人生にもお金がまとまって入ってくるのです。動くものは何でもお金に関係し、風は私たちにお金や空気をもたらしてくれます。ゆらゆら揺れる旗のようなものを飾ってもよいでしょう。滝つぼのある滝や泉、噴水の写真や絵を飾るのもいいでしょう。それらは、自分のところにくるものを集めることができるエネルギーがあります。しかし、ここが寝室にあたる場合は、トイレが近くなるので飾らないでください。パープルは富の象徴なので、パープルの花を飾るのも効果的です。

レッド　成功&自己実現　火

このエリアには、古代の中国で火の鳥を象徴する赤色を多く取り入れることをおすすめします。悟りを開いた人の肖像や、空高く飛べる鳥のイメージのものを置いてもいいでしょう。火は、情熱を高めたり、インスピレーションをもたらしたりします。光や熱をもたらすものは火の要素です。テーマは「照明」です。ランプやキャンドルなどの照明器具、ヒーター、暖炉などの暖房器具、動物から作られた製品、皮革製品、三角形、トアイアングル型、ピラミッド型、星型がいいでしょう。色は、赤・オレンジ・ピンクのものがベストです。

ピンク　愛&人間関係

愛し合うカップルが描かれている絵画や写真、対になっているお花や、ペアになっているものなどを置いてください。色としては、ピンクや赤、またハート型のものが望ましいですね。もしあなたが「恋人が欲しい」と思っているなら、一人だけの写真や絵を飾ることは避けたほうがいいでしょう。ハトや白鳥は平和をイメージし、テーマである「人間関係」に関わりがあります。

ホワイト　創造&子供

金属の要素を持っています。もっと創造性を発揮したい人は、ダ・ヴィンチやピカソの絵、フラワー・オブ・ライフ、原子のイメージを飾ってください。また、金属的なもの、円形やらせんを描くものなら何でも結構です。子供が欲しい人は、子供の写真やイメージを飾ってください。幸せな子供時代を過ごした頃の自分の写真でも結構です。子供が遊ぶおもちゃや、ゲーム類を置くのもいいでしょう。テーマは「自発性」です。金・銀・銅などの金属。メタリックな感じがするもの。色はグレー、白、オフホワイト、パステル色。清潔でクールなイメージをもつもの。球形、円形のもの、白黒写真、金属製品や円を写したもの。

シルバー　旅&エンジェル

テーマは、時間や共時性（シンクロニシティ）です。世界地図や行きたいと望んでいる場所の写真、お土産や旅に関するもの、サポートをしてくれるエンジェル（スピリチュアルガイド）などのイメージを置くといいでしょう。電話やインターネットのモデムを置くのもＯＫです。

注意すべきこと

「寝室、廊下、トイレ、お風呂場、玄関」では水の絵や水に関するものを使わないでください。これらの場所に「水」を使うと、過度の感情、物事が早く動き過ぎる、またはお金がドアから出て行くことなどに繋がる可能性があります。

一週間で氣を高め心と体を元気にする方法

観月環

Prologue

今の瞬間から幸せにならないと後悔する

もしも、ひとつだけ願いが叶うとしたら、あなたなら、何を願うでしょう。そして、その願いを叶えるために、あなたは、どのくらいの努力と我慢ができますか？

例えば、お金持ちなるために、昼も夜も死にもの狂いで働くとか、痩せるために甘いものは一切食べないとか、成功するためには人を押しのけてでも自分を通すとか。はーっ、ちょっと考えただけでも疲れてきそう。というか、そんな毎日を過ごす気になれない。もしも、あと一歩で成功を手にできる直前に人生の幕切れとなったら、きっと後悔する気がします。

もっと楽しめば良かった、もっと幸せになりたかったと、後悔しながら人生を終えるのは、ちょっと悲しい。いい人生だったと満足しながらこの世を去りたいと思いませんか？

大切なことは、不確実な未来のために我慢して辛い日々を送るより、今すぐ幸せになるべきなのです。

2012年の日本には、絶望的な状況に置かれている人も多く、辛い現実と向かい合わなければならなくなっています。希望を失った心は行き場を失って、自分の命を絶つ人が年間約3万人。東日本大震災の被災地では、未だ復興の目途がたたない。この暗く重い現実の中で、どう生きていくかが問われているのです。

美は世界を救う

今までの価値観が崩れ、自分を見失いがちな時代です。正しいと信じていたことが誤りであったり、得な選択が損であったりと、何を信じていいのか、何を判断基準にしたらいいのか迷うのも無理はありません。

でも、ここで考え直して欲しいのです。今がチャンスなのだと。

既成の価値観や常識で成り立っていた社会が崩壊しつつあるということは、新しい社会がつくられる兆しでもあるのです。もちろん、それが、プラスの変換であると私は信じています。その証拠に今崩れ去っているものは、悪しき習慣であったり損得で動く社会構造といった美しくないものばかりです。

どんな時代であっても、美しいものは力を持って社会を調和へと向かわせます。ドストエフスキーの「美は世界を救う」という言葉が私は大好きです。時代や国境を越えて人の心を動かすものは美しさです。心の美しさと振る舞いの美しさ。それが社会を救い、希望にあふれた未来をつくっていくのです。

氣的生活で今すぐ幸せになろう

どのように生きれば、後悔のない人生を完成させることができるのか。答えは、ただひとつ。今という時間を大切に生きるしかないと、私は考えています。人生のゴールは今の連続でしかないのだと痛切に感じるのです。もしも、今日で人生が終わりであったとしても、満ち足りた気持ちで微笑みながら人生の幕を閉じることができる。これが氣的生活の目指すところです。

氣的生活は、あらゆるものと調和しながら人生をグレードアップすることです。調和することで、自分の置かれた環境を劇的に変化させることができる。言い方を変えれば、喜びに満ちた快適な毎日を送るための生き方の技術なのです。

あなたが幸せであることは最高の社会貢献

あなたが幸せでないと、困る人がいます。それは、あなたの近いところにいる人。

例えば家族や同僚や友だち。なぜなら、あなたが不機嫌でマイナス思考だと、周りにも、その気分が伝染するからです。あなたがイライラすると、周りの人も気分が乱されイライラしてくる。あなたが悲しむと誰かが心配する。あなたが希望を失うとあなたの周りの人たちの心も暗くなる。

その逆に、あなたの心が明るいと皆が元気で幸せになるのです。人が明るく美しいものに惹かれるのは、そこにエネルギーがあって、気持ち良くなるからです。あなたが幸せであることは、温かい幸せのエネルギーが周りに広がることです。あなたの幸せを受けて、どんどん幸せが広がっていく。自分が幸せになって、気分良くいることは、何より確かで大きな社会貢献だと私は考えています。

さあ、それでは、あなたを今すぐ幸せになれる氣的生活にご案内しましょう。

2012年5月吉日

観月　環

目次

第2章✳氣的生活実践編

第3章✳氣的生活で、人生をグレードアップしよう

装丁デザイン　チャダル108
本文デザイン・イラスト　土屋　和泉
本文組版・図表作成　横内　俊彦

第1章

氣的生活は、たった今から始められる

氣的生活は、いい気分で生きるための方法

いい気分の毎日が最高の人生

人生で、いちばん大切なこと、あるいは最も手に入れたいものは？　と聞かれたら、あなたなら、どのように答えるでしょう。

何かをやり遂げること、欲しかったものを手に入れること、そして愛する人や大好きな人たちと幸せな時を刻むこと。人生という有限の時間の中で、無限の可能性に挑戦する私たちは、いろんなものを欲しがったり、したがったり。要は、欲張りなのです。でも、それが生きる原動力となるのですから、いちがいに否定することはできません。

といっても、ある目的に向かってがむしゃらに走り続け、心がいつも荒くれ立っているようでは、幸せではありません。ずっと先にあるゴールに向かって走っていても、

なかなか到達することができないままに、いつの間にか人生のファイナルステージとなって、後悔ばかりが残るようでは、淋しい限りです。

では、どうしたら、後悔を残さず、いい人生を完成させることができるのでしょう。

まずは、人生の持ち時間を考えてみましょう。80年生きるとしたら、70万8００時間あることになります。そのうち眠っている7時間を差し引くと、約49万6千時間。残り時間は、40歳の人で約24万8千時間。50歳で約18万6千時間、60歳で約12万4千時間、70歳なら約6万2千時間です。

私たちは、無限の時間を持っているわけではないのです。有限の時間をどのように使い、どんな気持ちで過ごすかが、その人の人生のつくり方なのです。自分のやりたいことのために、どのくらい効率良く時間を使っていくかを考えるのは当然のことです。

しかし、うっかり見逃してしまっているのが、時間と心の関係性です。費用対効果とか、時間対結果というようなことは、誰もが考えますが、時間対心の状態を意識している人は、それほど多くないでしょう。しかし、人生の質や完成度を決めるのは、実はココです。心の充足度でしか幸せははかることができません。心の満足度でしか、人生の成功度ははかれないのです。

ということは、人生は、どれだけの時間、自分がいい気分でいられたかによって、幸せ度、完成度がはかれるのではないでしょうか。極論のようですが、各々の人生の完成度を決めるのは、自分自身であり、他者が何と言おうと、まったく関係のないことです。

ですから、お金がたくさんあっても、仕事が成功しても、自分が幸せであるという認識ができない状態では、ちっとも幸せではないのです。逆に、はたから見れば幸せとは思えない状況でも、とても幸せな人もいます。

A子さんは、大手企業のOL。エリートコースにやっと乗ったものの、ハードな仕事とストレスで、心身ともにクタクタです。今日も有名ブランドのスーツに身を固め、満員電車に揺られて出社の途中、このままどこかに逃げ出したいという衝動にかられました。でも、ゴールはまだ先です。せっかく乗ったレールから降りるわけにはいきません。

一方、B子さんは、画家を目指して頑張っていますが、なかなか売れるような絵を描けません。絵画教室で子どもに教えながら生活をつなぐ貧乏暮しです。でも、絵を描いているだけで幸せなのですから、心はいつもハッピーです。

さて、あなたなら、どちらを選びますか？　大抵の人が、B子さんの方が幸せだと感じます。でも、現実にはほとんどの人がA子さんのような状況にあるのです。逃げ出したくても、逃げ出せない立場にあって、我慢すれば、いつかは報われると思って自分を慰めながら、健気に頑張っているのでしょう。

しかし、残念ながら、誰もがいつの日か報われることはほとんどありません。報われるのは、一握りの人で、大抵の人は、途中でドロップアウトするか、報われないまま不満を胸に抱えて終わるのです。そして、思うのです。こんなことなら、もっと自分の好きなようにやっていたら良かったと。

それでは、会社を辞めて、好きな道を歩んだら良かったかというと、そんな甘いものでもありません。仕事がなくて生活に困ることになったとしたら、それはそれで辛いことでしょう。

さあ、それでは、どうしたら良いのでしょう。それが、本書のメインテーマである氣的生活の実践です。氣的生活は、環境から逃げないで、環境と調和できる自分をつくりながら、人生を好転させていく究極の人生改造生活です。そのためには、まずは、逃げないことが原則です。ときには、逃げた方がいい場合もありますが、他の道を見つける前に逃げたのでは、ますます路頭に迷うことになります。

次に、自分の心の状態を大切にして、そのセンサーに従って行動することです。嫌なことを我慢しないことが原則です。単に我がままになるのとはわけが違います。自分の能力を発揮できる状態をキープするというための、我がままです。ノーと言うことで、それ以上のイエスの結果を出すために、自分を守るわけです。

イヤイヤ飲み会に最後まで付き合わなくても、途中で切り上げて帰る勇気を持つことで、心身の健康と睡眠時間や余暇の時間を確保できるのです。流されずに、自分を大切にすることで、いつもいい気分でいられる氣的生活ができるのです。あなたの日常が、いい気分でいることが多くなったら、氣的生活が始まっている証拠です。

氣的生活は、氣を意識すること

氣を意識することは氣的生活の第一歩

氣的生活で、気分が良くなってきたとき、あなたに内在する氣は、確実に高まっていることでしょう。気分がいいというのは、間違いなく氣が満ちている証拠です。気分は、いちばん簡単に「氣の状態」を推しはかるバロメーターです。

氣は、すべての根源となるエネルギーで、すべてのものの最小単位であると考えてみてください。すべてのものの中には、当然、私たちの肉体も含まれます。60兆個の細胞は無数の原子からできていて、無数の原子は氣によって構成されています。氣も原子もエネルギーですから、流動的に変化し、不変ではありません。だから、元気だったり、病気になったりするのです。

簡単に言えば、氣が充分にあって、氣の流れが良ければ、健康で気分もいいはずです。氣が減少したり、滞りがあると、疲れたり不調を感じます。体の状態も、心の状態も、氣の状態によって決まると言っても過言ではありません。生命を維持するための氣は生命力と言い換えることもできます。

命を支える根源的な氣は、本来、自分で自覚できるものです。疲れたという言葉は、氣が枯れたということから発生したものですから、日本人は、もともと氣を意識できる民族だったのです。自分の心身の状態を「氣」のバロメーターとして考えてみましょう。「疲れた」「イライラする」「体が重い」「やる気がでない」といったものは、単に氣が減っているだけのことですから、対処法はいたって簡単。氣を高めたらいいのです。

氣を意識するということは、氣的生活の第一歩でもあります。いちばん意識しやすい身近にある氣が自分の氣です。もともと、私たちは、氣からできている生命体です。しかし、自分の氣が多いのか少ないのか、氣の流れが良いのか悪いのか、なかなか判定しかねますが、簡単に自己チェックできる方法をお教えしましょう。

① 気分がいい
② 手足が温かい

たったこれだけのことですが、かなり正確に判定できる基準です。

気分がいいことは、氣がある証拠だということは、前項でもお話しましたが、氣は感情とも密接に関係しています。私は、氣は心を持ったエネルギーと表現することもあります。

嬉しいとか楽しいといった感情が湧くときには氣も急上昇。逆にマイナス感情があれば氣は一気にダウンするのです。特に、不安と不満という二大マイナス感情は危険です。一瞬で氣を枯渇《こかつ》させてしまうのですから、要注意。

二番目のチェックポイントは、手足が温かいということです。手足が冷たいのは女性の特権だなんてたかをくくっていてはいけません。手足が冷たいのは、氣が不足しているか、体のどこかにつまりがあって、末端まで氣が届いていない証拠です。氣は血やリンパと連動して動くのですから、それは血液循環が悪くなっているので、細胞の劣化にもつながります。もちろん内臓機能にも悪影響を及ぼすでしょう。氣血の不足は、老化を招き寿命を縮めてしまう可能性大なのです。

③ 体感覚《からだかんかく》が軽い

最後のチェックポイント、体の感覚の軽さについて考えてみましょう。体感覚が軽いということは、氣が充実しているときの状態です。逆に氣が不足しているときの体感覚は、重い感じになります。

過労や二日酔いで体が重く感じるのは、氣が少なくなっているからです。氣が高まっていると心も体も軽やかになるのです。体感覚だけではなく、心も軽くなると、どんなマイナスのことも、軽く感じられるようになるから不思議です。目の前にある山積みの仕事も、人から頼まれたトラブル処理も、軽くこなせそうに感じるのです。逆境にあるときだって、なんとかなるさと思えることは、最強の生きる力となるでしょう。氣的生活で、氣をマスターした人たちが、強く生きていけるのは、心も体も軽やかであるからなのです。

自分の内在する氣の状態を意識するようになると、人の氣にも敏感になります。身近にいる人の氣の状態によって、その人の心の状態や体調までがわかるようになるのです。さらに、自然の発する大きな氣を感じ吸収することもできるようになるでしょう。自然の氣は、私たちよりはるかに大きなスケールの氣です。ですから、不足したときには、自然の中で氣をチャージするのがいちばん手っ取り早い方法です。森林浴も氣のチャージの一種ですし、マイナスイオンも氣の一種。氣という言葉を使うまでもなく、私たちは氣に支えられて生きているのです。

氣的生活は、不調和を調和に変える生き方

氣が高まれば調和しやすくなる

生きていくということは、楽なことばかりではありません。ときには、トラブルに巻き込まれたり、心を痛めたり、体調を崩したりと様々なことに出会うのです。本当にいろいろなことが起きるのが人生です。

トルストイが、「幸福な一家はみんな似たように幸福だが、不幸せな家族の様相はその不幸せの数だけ千差万別である」と言っているように、不幸はかたちを変えて、私たちを悲しませたり、苦しませたりします。心を占める感情も、一様ではなく複雑です。幸せの感情が喜びと感謝といった共通項があるのとは違って、不幸は誰とも比較できず、本人にだけにしかその辛さはわかりません。

しかし、こういった無数の不幸もシンプルに考えれば、氣の不調和なのです。どこ

かで不具合が生じて、不調和な現象が起きていると考えられます。自分の心と体が満足できない状態が不調和です。心身のみならず、周りとの人間関係や家庭環境、仕事の状況も含めて、自分の心が曇ってしまうことが不調和です。

幸不幸は、あくまで本人の主観によるものですから、同じ状況にあっても、不幸を感じる人とそうでない人がいるのは当然のことです。幸せは、調和されている状態を言います。だから、心が安定的で満足していると言えます。心が穏やかで、マイナス感情が浮かばないのは、自分自身も、他者との関係も調和されているのです。

つまり、すべての現象は、調和と不調和に分類することができるわけです。調和は心身が安定して物事が順調に進み、不調和であるときには心身にも現象にも不具合が起きるということなのです。

氣的生活は、調和する生活です。心も体も調和されている状態であってこそ、人生を楽しむことができるのです。すべてのネガティブな出来事は、調和されていない状態であると定義できます。体の不調も、人間関係のトラブルも、仕事の行き詰まりも、すべてが、氣の不調和からくるものです。それを、不運と言う人、ツイテないと言う人、自分には能力がないと言う人もいますが、すべては氣の不調和に過ぎないのです。

もう、自分を責めることはありません。ましてや、他人を責めることは、ますます不調和を加速させるだけです。

ここで、読むのを少しストップして、振り返ってほしいのです。あなたの、今までの人生の中で起きた不調和な出来事を思い出してみましょう。誰かと喧嘩をしたこと、仕事に行き詰まったこと、目的を達成できなかったこと、体調を崩したこと。そう、誰だって、生きていれば、いろいろなトラブルにぶつかるものです。さて、それでは、あなたはそんなとき、どんな気持ちになって、どんな行動をとったでしょう。もちろん、何とかその不調和を改善しようとしたことでしょう。「どうしたら、改善できるのだろう」とまずは考えます。それと同時に、「なぜ、このようなことが起きたのか」とも考えるでしょう。つまり、原因の追及です。すべての結果には、確固たる原因があるというのが定説だからです。言葉を変えれば、犯人探しのようなことを、心の中でしているのです。しかし、犯人を見つけたとしても、そのこと自体は、現状回復にほとんど役に立たないのです。

何かが起きて、マイナス感情に心を揺るがし、体調も崩れていくと、それを引き起こした出来事や人に責任を求めがちですが、原因を追及しても、心身の状態が良くなるわけではありません。ネガティブな感情に縛られている不幸な状態を、一瞬で変化させて、幸せな自分に変身するためには、「氣」を高めることが唯一の、そして確実な方法なのです。

繰り返し言いますが、氣はすべての根源的なエネルギーですから、いちばんの根っこから変えていくことができる。それが氣の最大のメリットです。氣を高める方法は、いくらでもありますが、まずは、簡単に素早く氣を高める方法を実感してください。今すぐ試してみるのもいいですが、マイナスの状態のときにやってみると、効果がてきめんにわかります。

氣を高める最大のポイントは姿勢と呼吸です。氣が低下している一因は、姿勢の悪さによって、氣の流れを阻害されていることです。ですから、姿勢を正すだけで、その瞬間から氣が巡り始め高まっていくわけです。

良い姿勢とは体のセンターラインがまっすぐに伸びていることです。このセンターラインは正中線と呼ばれますが、いちばん太い氣のラインです。ですから、ここがまっすぐになるだけで、氣はどんどん流れ出すのです。太いホースだと思ってみてください。ねじ曲がっていたり、折れていれば、当然、水の流れは悪くなって、しまいには止まってしまいます。それと同じように、氣が流れるラインにも、ねじれは禁物です。体の中でいちばん折れ曲がりやすい部分が、みぞおちです。前かがみになれば、自然に圧迫してしまう場所です。

意識的にみぞおちを伸ばすだけでも、効果大です。良い姿勢は、ときどきするだけではいけません。それが、いちばん楽な姿勢であることを体が覚えるまでは、繰り返し、良い姿勢を意識して行ってみましょう。

姿勢の次は、呼吸です。普段、何気なくしている呼吸ですが、良い呼吸、つまり氣が高まるような完全呼吸法をマスターしましょう。あなたは、自分が1分間に何回、呼吸をしているか知っていますか？

ここで、ちょっと呼吸数をはかってみましょう。はかり方は、吐いて吸ってを1回とカウントします。あまり意識的にゆっくりしたり速くしたりしないで、普通に呼吸している状態をはかってみましょう。

さて、1分間で何回だったでしょう。通常、成人の平静時の呼吸数は、15回〜16回とされています。もし、あなたの呼吸数がこれより多かったとしたら、それは、呼吸が浅くなっている可能性大です。浅い呼吸の数を増やすことによってデメリットをカバーしているのです。呼吸はすべての生命活動の元になるものですから、とても重要です。呼吸の仕方によって、生命力や自然治癒力を高めることができるだけでなく、心も安定した状態に保つことができるのです。

深く長い腹式呼吸が理想の呼吸です。自律神経を整える完全呼吸法をマスターしましょう。完全呼吸法の具体的なやり方は、第２章の実践編で詳しくご紹介します。

氣的生活は、逆境から大逆転を起こす方法

逆境は複眼思考で考えれば絶好のチャンス

氣的生活は、不可能を可能に変えることができる究極の人生逆転方法であると私は考えています。しかも、自分の力で変えるという点がポイントです。

逆境にあるとき、多くの人は、人を頼りたくなります。誰かが何とかしてくれればいいと考えます。さらに進むと、どうして私を助けてくれないのと、被害者意識がムクムクと顔を出してくるのです。そこが、実は、大問題！　被害者意識を持った瞬間、人は、急速に力を失っていくのです。自分の力のなさを認めて諦めモードに入っているわけですから、力を発揮できるわけがありません。

そうは言っても、人生には、絶望的な状況に陥ることだってあるでしょう。誰かのせいにして逃げたくなるときも、ときには何も考えられなくなることも。でも、実際

には、そこで人生の歯車を止めてしまうわけにいかないのです。どんなに嘆いても、毒づいても、状況は変わらないまま、時間は正確に流れ、私たちは未来へと運ばれていくのです。

それでは、毎日が楽しくないばかりか苦痛でしかないでしょう。ワクワクするような日々、感動と喜びがあふれるような時間があってこそ、生きている意味があるのです。いつまでも逆境に甘んじていては、大いなる損失です。

もしも、この本を読んでいるあなたが、逆境にあるとしたらシメタもの。自分が思っている以上のパワーを持っていることを試す絶好のチャンスだからです。その方法をお教えする前に、今、それほど不幸でもない人も、自分が良い状態にないことをイメージしてみてください。なかなかイメージするのは難しいかもしれませんが、困ったなぁという状況を３つ想定してみましょう。人間は、トラブルが３つになると、絶望的だと考えるようです。だから、３つ。例えば、体調を崩し、失業し、家庭内別居というシチュエーションです。自分がストレスを感じるものでなければなりません。お金がないことがそれほど困ったと思わない人は、お金以外のことで考えてください。

さあ、イメージできましたか？　あなたがつくりだしたバーチャルな逆境にあるとき、あなたは、どうするでしょう。具体的にできる行動を考えてみましょう。多分、実際にトリプルアクシデントが起こったら、誰でも、すぐには立ち直れないかもしれません。頭の中で堂々巡りを繰り返し、絶望的な気持ちになるでしょう。

しかし、どんな絶望的な状況でも、気持ちが楽になって、逆境を好転させる方法があるのです。それは、今の状況を複眼思考で考えるのです。複眼思考とは、今の状況を反対から見るとどうか、横から見たりひっくり返したりと、いろいろな方向から見てみることです。例えば、失業したとしたら、新しい仕事を探せるチャンスだとも考えられるし、自分で起業するチャンスだとも考えられる。金銭的に困れば、お金を得るために、どんなことができるかトコトン頭を絞って考えるし、今までしなかったことをやってみるきっかけにもなる。ある人は、失業するまでは、ペーパードライバーだったのが、失業して再就職した会社で運転しなければならなくなったと言います。運転ができないと採用されないわけですから、するしかないわけです。

考えようによっては、失業したからこそ、自分にはできないと思いこんでいたことにチャレンジすることができたとも言えます。逆境は、大きく飛躍するチャンスです。氣というエネルギーをバネにして、大きく羽ばたくことができるのです。

氣が充分に満ちていれば、気持ちが自然に上向きになることでしょう。

ただし、ものごとをプラスに見られるようにするには、氣の状態が良くなくてはなりません。氣が枯れていたり、滞っていたりしたのでは、プラス思考になることは難しいです。

完全呼吸法で、氣を高めつつ、現状を多角的に捉えてみましょう。

∞ 複眼思考トレーニング

1. 今、目の前で起きていること、あなたの身に起こっている現実に感情を入れないで眺めてみましょう。

2. その現実をいろんな角度から、違った目で見てみましょう。

3. それが、とても悲しいことだと考えてみましょう。

4. それが、とても楽しいことだと考えてみましょう。

5. それが、自分の身に起きていることは、嬉しい出来事だと感じてみましょう。

6. その現実から、感情を抜き取ると、ただの無機質的なものに戻ることを認識しましょう。

複眼思考は、現実を茨の道にもするしバラ色にも変えることができるのです。あなたの暗い現実をバラ色に変える複眼思考は、使い方次第で、現実を変化させる力を持っています。

エネルギー不変の法則から言えば、沈んだ分だけ浮上するのです。逆境をバネにして、大きく羽ばたくのが氣的生活の得意技なのです。

氣的生活は、優しい自分に逢える生活

優しいは強いから生み出されるもの

人生には、悲しいことがいっぱい。苦しいことも山積み。これも、ある意味で真実です。お釈迦様がおっしゃったように、「生老病死」の四苦によって人生は成り立っているのかもしれません。四苦八苦となると、さらに４つの苦が増えるわけで、愛する人と別れる苦しみ「愛別離苦・あいべつりく」、怨み憎む人と出会う苦しみ「怨憎会苦・おんぞうえく」、求めるものが得られない苦しみ「求不得苦・ぐふとくく」、存在を構成する物質的・精神的５つの要素に執着する苦しみ「五陰盛苦・ごおんじょうく」が加わるのです。

確かに、人間はとても弱いもので、誰もが、このような苦しみに囚われます。これは、すべての人に平等に与えられた業《ごう》（カルマ）だとも考えられます。しかし、どうでしょう。よくよく考えてみれば、四苦八苦というものは、現象というより、自分の心の有りよう、心が苦しみを感じている様を言っているわけです。ある特定の状態であるわけではありません。

求められない苦しみを苦と感じるか、やる気を起こす原動力とするかで、心の有り方はまったく違ったものになります。老いたって楽しむこともできるわけで、若かった頃より人生を深く味わえるようになる喜びがあります。

苦しいことも、楽しいことも、散りばめられている人生を、スイスイと泳ぎ切ったとき、人は、大きく成長できるのだとも考えられます。

もちろん、日々の生活の中で、不安や不満でいっぱいになることもあるでしょう。そんなとき、あなたの心はどのように動いているかを、ちょっと思い出してほしいのです。例えば、自分の思い通りにならない不満、老後の不安があるとしましょう。そんなとき、どうでしょう。心の中で、誰かを責めていませんか？

「あの人のせい」「ひどい会社だ」「社会が悪い」「時代が悪い」と誰かを責めることを、無意識のうちにやっているものです。自分で受け止めきれない現実に遭遇したとき、人は反射的に自分を守るために、誰かを加害者にするのです。それで、一瞬気持ちがラクになる。でも、現実を誰かのせいにしたとき、あなたは、あっと言う間に力を失うのです。被害者意識は、氣を低下させるだけでなく、相手を責める荒立った気持ちを生み出します。

自分を正当化して責任転嫁をする人は、決して強い人ではありません。もちろん、優しい人でもありません。物事に対する適応能力のなさからくるとても氣の弱い人、そして人に対して厳しい人です。こんな人は、人に好かれるはずがない。だから、良いご縁にも、チャンスにも巡り会うわけがないのです。

もとに戻って考えてみましょう。現実は、皆、同じような不安や不満の中で生きています。ただ、その人の氣の状態によって、現実をどう捉えるかが、大きな差となります。

氣的生活によって氣が高まれば心の柔軟性も高まって、包容力のある優しい自分になれるのです。キンキン声で誰かを責めたり、社会の問題に罵声を浴びさせるより、穏やかな気持ちで、すべてを受け止められる方が何倍も幸せなことでしょう。

ネガティブな感情や心の揺れは、氣の不足からくる適応能力のなさに過ぎません。怒りで相手を攻撃するのは、自分の適応能力のなさをさらけ出しているようなものです。相手に対する攻撃だけではありません。持って行き場のない不調和な気持ちを、自分に向けてしまうのは、もっと問題です。自分を責めて、自分に落胆し、自分を見捨ててしまった結果、心が委縮し不安定になって、ますます適応能力を低下させます。ちょっとしたことで、不安を感じたり、不満を感じたりすることになります。心がトゲトゲしていることは自分をいちばん傷つけることなのです。

氣的生活で、氣が高まることによって、心のキャパシティーが広がれば、心がブレたり、マイナス感情に支配されることが少なくなるでしょう。いつも、優しく微笑んでいる人ほど、強く大きな氣を持っています。氣的生活は、笑顔の自分、優しい自分に出逢うことでもあるのです。

氣的生活で、嫌な人がいなくなる

相手の良いところに意識がフォーカスするようになる

日々の生活の中で、心が暗くなるいちばんの要因は、人間関係です。人間関係は、人が２人以上いて成り立つものですが、自分ひとりで完結できない歯がゆさと面白さがあります。

素晴らしい人間関係は、人生を豊かに楽しくしてくれますが、こじれた人間関係ほど、人生を台無しにするものはありません。特に、近しい人、身内との人間関係のトラブルは重要です。切っても切れない縁が深い人との関係を良好に保つことが、日々の暮しを明るくするのです。

あなたには、嫌いな人がいますか？　嫌いとまではいかなくても、苦手だと感じる人はいるかもしれませんね。そういった人たちに対して、あなたは、自分と価値観が違うと感じます。氣が合わないので、ぶつかることも多いでしょう。度々、不愉快になったり、憤慨したりするわけです。でも、切れない関係であれば、表面的には、ある一定の距離を保って付き合います。でも、本当は嫌い。これは、精神的に良くありません。嫌いと思いながら、いやいや付き合うなんて。嫌いな人が、この世にいることは、とてもストレスになるのです。

では、嫌いな人がまったくいなくなるとしたらどうでしょう。人間関係のストレスがほとんどなくなるはずです。それが、氣的生活で得られる大きなメリットです。実際に、氣的生活を実践している人は、一年くらいで嫌いな人がいなくなります。それは、どうしてでしょう。簡単に言えば、悪いところに目がいかなくなるからです。だから、人を嫌いになる理由がないわけです。

物事も人も、見方によっては、まったく違ったものになります。どの面に心が反応しているかというだけのことです。たとえば、カンカン照りの夏の暑い日をイメージしてみましょう。あなたは、どんな感覚に襲われますか？　外に行くと日に焼けると思うのか、太陽の光を浴びて海やプールで泳ぎたいと思うのかで、心はまったく違った反応をするでしょう。現象自体は同じなのに、どう思うかは人によって様々。

人に対しても同様で、たとえば、思ったことをそのまま口にする人を正直でいい人と思うか、無礼な人と思うかは、あなた次第です。その基準は、その人の価値観、経験によって変化するものなので、十人十色ほどの違いがあるかもしれません。誰かと口論になったとき、どうして相手がそのように思うかがわからないのも、人それぞれ、心に浮かぶことが違うからです。あなたが腹を立てるようなことも、ある人にとってはどうでもいいことです。これは、常識や理性だけで決まるものでなく、そこに感情が混じるので、複雑になるのです。だから、人間関係の捻れは、一筋縄ではいかないのです。

さて、ここで、人間関係の中でも、特殊な色合いの恋愛関係を考えてみると面白いことがわかります。超美人と野獣のような男性の組み合わせや、エリートと天然の女の子の組み合わせのように、どこか不釣り合いなカップルは、他の人にはわからない相手のいいところをキャッチして恋しているのでしょう。誰も気づかない素敵なところに気づけるのは、恋愛モードによって氣が高まっているからです。

「あばたもエクボ」なんて揶揄《やゆ》されますが、素敵なところに目がいくというのは、自分自身の氣の状態が良いからです。氣が高まってくると、良いところに意識がフォーカスするようになります。面白いことに、良いところしか見えなくなるのです。欠点があったとしても、それを打ち消すほどに良いところを評価したくなります。

これは、相手のためにも幸せなことですが、むしろ、自分がいちばんラクなのです。人を好きになることは自分の心が喜ぶこと、人を嫌いになることは自分の心が悲しむこと。

氣的生活は、嫌いな人がいなくなる生活でもあるのです。だから、誰とでも心から楽しい時間を過ごすことができて、人間関係によるストレスは、まったくなくなるわけです。心にマイナス感情が生まれにくいと、心の柔軟性は高まります。包容力が大きく、適応能力の高い心であれば、ますます、軽やかに生きることができるでしょう。

氣的生活の真髄《しんずい》である「調和力」は、人生のあらゆる場面で役立つ、生きるためにいちばん必要な力であると私は考えています。

氣的生活で、もっと楽しい未来をつくろう

氣的な生活は、クリエイティブ。高い意識で考えれば、どんな未来も描ける

この頃の子どもたちは、未来に夢を描けない子が多いと聞きます。どうしてなのかを考えてみると、その要因はいろいろでしょうが、そのひとつに大人が夢を持てないようになったからだということがあります。何となく生きているだけで、未来に期待も希望もありません。仕方ないから生きているだけという人もいます。

どうして、こんなことになってしまったのでしょう。時代や政治が悪いという考えもありますが、それでも、どうせ生きているのなら、夢を持って未来に進んで行った方が、断然楽しいと思うのは、私だけではないでしょう。でも、厳しい現実の中で、楽観的な未来なんて想像できないというのも当然です。

ワクワク、キラキラ生きられれば、楽しいのにと思ってみても、暗い現実を目にす

ると、動けなくなる人も多いでしょう。頑張っていても、あまり長い間結果が出ないと、めげてしまうでしょう。夢もしぼんで、諦めの日々。ちょっと淋しいですね。

でも、ほんの少し気持ちを変えてみて欲しいのです。その気持ちの変え方ですが、過去と未来の間に現在があるということを思い出すだけでいいのです。なーんだ、当たり前のことじゃないと言うなかれ。過去の繋がりで現在ができているということを、実感できていますか？　原因と結果の法則を出すまでもなく、過去に言ったことや思考したことが、現在をつくっているのです。そう、自分がつくった現在なのです。だから、それを忘れて、文句を言っても、どうしようもないわけです。

不本意な現実に、自分の意志が関わっていたとは、なかなか認められませんが、そこで、気持ちを切り替えて、新しい現実をつくることに意識を向けてみませんか？過去を塗り替えることはできませんが、未来は、いくらでもつくっていけるのです。未来は、今の瞬間がつくり出す、一瞬先の現実です。思いは現象化するということを、何となくわかっていても、良い思いを意識的につくり続けている人は、意外と少ないのかもしれません。心を野放しにしていてはいけません。自分がつくりたい未来に沿った意識や思い、イメージやヴィジョンを描く必要があるのです。

試しに、今日、一日だけでも、トライしてみましょう。あなたの未来が思い通りに進むとしたら、すごく嬉しいですね。その嬉しい気持ちを持ちながら、未来を思い描くのです。

そして、心の中でつぶやいてください。「わーい！」とか「やったね！」とか「幸せ！」とか「いいぞ、いいぞ！」とか。本当に信じられないと、バカバカしいと思ってしまうでしょう。その段階では、思考は現実化しません。ポイントは、真底信じ込むこと。そうすれば、しめたもの。楽しくて楽しくて仕方がない。顔が自然に笑ってしまうはずです。人に見られたら、恥ずかしいなんて思う必要はありません。ニコニコ幸せそうな顔をしている人は、どんな人より人気者。人も運も引き寄せる幸せ体質の人に変身です。

上級者なら、夜、眠る前に、完全呼吸法（Ｐ53）を行いながら、未来のイメージをしっかり固定しましょう。万が一、現実が辛いものだったとしても、明るい未来があると思えれば、通過地点の茨の道も、笑顔で歩くことができるはずです。

今日の思いが明日をつくり、明日が積み重なって未来になるのです。

最高の環境をつくることが氣的生活

環境によって人も運氣もつくられる

人は、環境によってつくられると言います。氏より育ち。どんな環境で、どのような育てられ方をしたかによって、人格や性格がつくられます。双子の兄弟が、幼いときに離れ離れになって育った結果、まったく違った性格になったと言います。そればかりか、能力の違いもはなはだしく、外見さえも違ったものになってしまいました。元のＤＮＡが酷似していても、環境による影響の方がはるかに大きいのです。狼に育てられた少女が、人間より狼に近い性質を持ってしまっていたのも当然でしょう。

これは、氣の観点から言えば、内なる氣と、外の氣が繋がっているからだと考えられます。科学的に論ずれば、肉体を構成している原子と環境を構成している原子が、原子交換しながら混じり合っていると言うことができます。例えば、あなたの吐く息に混じって、あなたの氣が放出されて、空中に散らばって樹木に取り込まれ、樹木の一部になる。あなたは、樹木の放出する酸素を吸い込む。あなたも樹木も、エネルギー交換をしながら、絶えず変化するエネルギー体なのです。こう考えると、環境が人をつくることが、もっとリアルに納得できるでしょう。

人の内なる環境を「内環境」と言い心と体の状態を表します。それ以外のすべてを「外環境」と呼ぶことにしましょう。外環境は、自然環境や人間関係や仕事の状況など、あなたの周りにあるものすべてです。これらのものや現象をつくり出す氣が、お互いに影響を与えて存在や現象を生み出していくのです。

冒頭の例で言えば、良い環境には、良い影響を与える人や快適な物理的環境や心地良い自然条件があるでしょう。悪い環境に、悪い影響を与える人がいて不快な物理的環境や苛酷な自然条件であるなら、本人がいくら頑張っても、浮上することはなかなか難しいかもしれません。内なる自分の条件とともに、自分を取り巻く環境も整えなくてはいけません。

自分と環境、自分と自分の周りの人は繋がってるわけです。「朱に交われば赤くなる」わけですから、自分が染まりたい色の環境をつくりあげておくことが、理想の自分を完成させる近道であるとも言えるでしょう。

氣的生活で心と体の状態、つまり内環境が整えば、自然に良い氣があふれて、その氣と引き合う人が近寄ってきます。その結果、よい人間関係が築かれヴィジョンが実現するわけです。これは、内環境から外環境を整える方法です。

逆の順序もあります。まずは、外の環境を整える方法です。この方法は、自分の心と体の状態をコントロールできなくなったときに役立つ方法です。自分の身の周りの環境から整えると、不思議なことに、心がすっきり穏やかになっていくのです。

内環境と外環境を両面から整えれば、相乗効果が期待できます。第2章では、具体的にその方法をお伝えしましょう。

第2章

氣的生活
実践編

氣的生活で、毎日はこんなに明るく楽になる

さぁ、やってみましょう。一週間プログラム

氣的生活を実践するために必要なことは、まずは、自分の氣を安定させ、周りとの調和力を上げることです。その上で、自分の心と体がつくる「内環境」と、自分を取り巻く「外環境」を整えていきましょう。

今日から、一週間で心と体の状態を激変させます。同時に外環境の氣も整えて、両面から氣を高めていきましょう。

奇跡の一週間プログラム

ステップ１✳心と体の調和のための技術

今日から、毎日最低10分は、氣的生活をエンジョイするための氣力アップトレーニングを行いましょう。体内の氣の流れを促し、氣を高めるのが目的です。

✳…❶深く長い呼吸法で自律神経を整えよう〈完全呼吸法〉一日３分

自律神経のバランスが崩れると、様々な心身の不調が現れます。とくに、交感神経が優位になって、緊張・興奮状態が緩まないとき、寛《くつろ》いで、エネルギーを補充することができないので、疲れを取り去ることができにくくなります。

自律神経を整えると、体も心もイキイキと甦ります。１分間に４回の完全呼吸法をマスターしましょう。おやすみ前の習慣にすると、眠りの質が上がり、目覚めがすっきりします。

完全呼吸法とは副交感神経を優位にするリラックス呼吸のことです。吐く息は、副交感神経を優位にし、吸う息は交感神経を優位にします。完全呼吸法は、吐く息と吸う息の割合が、6対1。長く吐いて、いっぺんに大きく吸います。

❷氣のストレッチで体の柔軟性を高めよう〈メビウスエクササイズ〉一日4分

氣のストレッチは、呼吸と動きで、体の柔軟性と氣を高めていく方法です。全身に氣を巡らすことが、若さと健康を保つ秘訣です。

体の中でいちばん大切な氣の貯蔵庫である下腹部の丹田を刺激し、即効で氣を高める方法、「メビウスエクササイズ」をマスターしましょう。

メビウスエクササイズは、体の重要な部分である腰の柔軟性を高めて、しなやかで強靭《きょうじん》な体を甦らせます。腹部のダイエットにも効果的。代謝を高めることで、太りにくい体になる最強のエクササイズです。

完全呼吸法

完全呼吸法のための息の吐き方と吸い方

歯をかるくかみしめて、歯の隙間から息を漏らすように吐いて、下腹部を引っ込める。息を吸うときは鼻から吸って、下腹部を膨らます。

1 12秒かけて、口から息をゆっくり吐き出します。同時に下腹部を引っ込ませます。

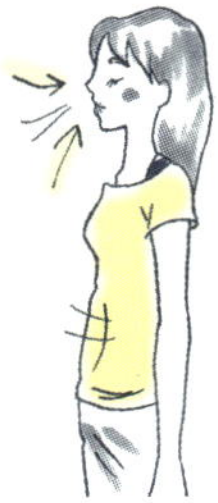

2 完全に息を吐き切ったら、大きく鼻から息を吸い込みます。吸い込む時間は、約２秒です。同時に下腹部は、大きく膨らみます。

3 1秒間、息を止めます。

4 ①～③を12回繰り返します。

5 1回の呼吸は15秒、1分間に4回の呼吸です。

♥毎日、３分間、12回の呼吸を習慣にしましょう。

メビウスエクササイズ

1 足を肩幅に開いて立ちます。

2 膝を軽く曲げて、腰を落とします。

3 手のひらを下にして、おへその少し下あたりにおきます。

4 まずは、両手のひらを、空中を水平に移動させながら、メビウスの図形（横八の字）を描きます。見えないテーブルがあることをイメージして、その上を撫でるようなつもりで行うとうまくいきます。

5 手のひらの動きと合わせて、腰もメビウス形に動かします。
なるべく大きく回転させると効果も高くなります。

6 慣れてきたら、呼吸も合わせましょう。完全呼吸法のリズムで 12 秒間吐きながら八の字を描きましょう。素早く息つぎをして、次の回転をします。
腰を低くして、メビウスの形をなだらかに描けるようにするのがコツです。

♥毎日 4 分間続けましょう。

イメージング瞑想

①リラックスした姿勢をとりましょう。椅子にかけても、寝ころんでも OK です。

②大好きな自然をイメージします。目の前に映像として思い浮かべられる情景を特定しましょう。いつでも素早くイメージできるように練習しましょう。

③完全呼吸の要領で、ゆっくり深い息を吐きながら、頭の中をからっぽにしていきます。吐く息とともに、悩みやストレス、抱えている問題が出ていくのをイメージしましょう。４回繰り返します。

④大好きな自然に、もう一度意識を戻して、リラックスが深まっていくのを感じましょう。雑念が浮かんだら、自然の中にいる自分を強くイメージして、雑念を振り切ります。２分間以上続けましょう。

♥毎日３分間続けましょう

✳… ❸3分間瞑想でフレキシブルな脳をつくろう〈イメージング瞑想〉一日3分

脳疲労は、肉体疲労より取れにくく、残りやすいものです。頭が疲れていると、眠りも浅くなって、エネルギーも充足されません。マイナスの考えしか浮かばないのも、頭が疲れているからです。頭をからっぽにできれば、疲れが一気にとれて、心が晴れやかになります。脳波がアルファー波になったとき、この効果が高まります。

素早く脳波をアルファー波にするイメージング瞑想をマスターしましょう。

ステップ2 ✳ 環境を整える技術

物理的な環境を整えるために、いちばん重要なことは、氣の流れのよい空間をつくるということです。そのためには、余分なものを排除して必要なものを必要な場所に設置することです。古来より伝えられている風水も、氣の流れを整えるための技術なのです。

ここでは、現代に活かせる風水理論と、潜在意識を呼び覚まし、夢の実現を加速させるスペースメイキングをお伝えします。

心身といった内環境が整ってくると、外的な環境、つまり人間関係や仕事がうまくいきだすわけですが、逆もまた真なりで、外的な環境を整えることで、心身が調和します。さらに、進化させれば、夢を実現させるための空間をつくることも可能なのです。

物理的な環境を整えることは、ある意味で内面を整えるより容易な場合があります。部屋のレイアウトをちょっと変えただけで、体調が良くなった例もあるくらいです。内的な環境と外的な環境を同時に整えていくことが、より効果的だということです。

心や体が不調であると、次第に自分の周りの環境も乱れてきます。散らかった部屋の住人の心が穏やかであるとは思えないでしょう。ゴミを溜め込んでいる人が健康な精神を持って、夢を実現できるとも思えません。つまり、成功する人の環境は、美しく整っているものです。だからこそ、氣が巡りやすくなって成功するのです。人は、環境によって育てられるのです。才能も運気も環境によっては、つぶれてしまうことだってあるわけです。良い人生を構築したかったら、環境を整えなくてはいけません。環境によって引き寄せられるもののグレードも違ってくるのですから。

といっても、最初から最高の環境を誰もがつくれるわけではないでしょう。でも、ものを整理して清潔に保つことは、どんな環境であったとしてもできることです。雑然とした環境では氣が乱れ停滞し、整然とした環境では氣が穏やかに流れる。

こんなシンプルな法則がスペースメイキングの土台をつくっています。

それでは、まず、あなたの現在の状態を点検しましょう。

❶お部屋診断

まずは、自分の部屋がどんな状態なのかを確かめましょう。自分の部屋がない場合は、自分がいちばん長くいる空間を考えてみましょう。

お部屋診断リスト

- □ 部屋が散らかっている（床の上にものがある）
- □ 部屋を3日以上、掃除していない（埃《ほこり》や不快な臭いがある）

□どこにあるか把握できないものがある（探しものをすることが多い）
□自分の趣味と違うものが目につくところにある（もらいものや景品など）
□置き場所に困るものを持っている（飾る場所のない置物・掛けられない絵）
□ものを決められた場所に置く習慣がない
□シミや汚れのあるものを使っている（テーブルクロスやカーテンなど）
□何となく落ち着かない（リラックスできない）
□部屋のインテリアに統一感がない
□部屋の中に整理されていない場所がある（部屋の隅、家具の隙間など）

チェックが2つ以上ついた人の部屋は、氣の流れが良いとは言えません。自分がいちばん長くいる部屋や空間は、自分にとってのパワースポットであるべきです。いるだけで安らぎ、元気が出るような部屋が理想的。疲れも吹っ飛び、運気を呼び寄せることができる部屋づくりをしましょう。氣が満ちあふれる空間をつくるのがスペースメイキングです。

部屋は、あなたの心の現れでもあります。心のモヤモヤが多いと、部屋にもガラクタがいっぱい。ぎっしり不要品がある空間は、氣も淀んで、運気が停滞するのも当然のことです。ツイテないという人、体調がすぐれないという人が、部屋を整理したとたん状況が好転するのは、空間と自分は氣で繋がっているからです。

先ほどのチェックシートの最後の質問、「部屋の中に整理されていない場所がある」は、特に重要です。自分の心の迷いがここに現れているのです。願望の実現を止めているのも、この場所にエネルギーの停滞があるからです。それをスペースメイキングシートを使って説明しましょう。

❷スペースメイキングシート

付録のスペースメイキングシートは、観月流風水を具体的にマップシートにしたものです。簡単に言えば、氣の流れる空間をつくる指標となるものです。部屋を9分割して、それぞれの役割と意味を表記してあります。エレメントは木火土金水の5つ。テーマは8つです。それに自分自身、グラウンディングの場所を入れれば9つということになります。

さて、ここで、ちょっとセルフチェック。「部屋の中に整理されていない場所がある」のは、どのスペースでしょう。部屋の隅にうず高く積まれた雑誌や新聞がある部分や、死角になっていて、ガラクタが処分されないまま置いてある部分がありませんか？

もし、部屋の奥の左側に不用品が積み重ねてあるとしたら、そこは「富と繁栄」のスペースですから、金運が停滞するわけです。心にお金に対する不安や迷いがあると、無意識にこの部分を汚してしまっていることがあるのです。

もちろん、マイナスの意味だけではなく、プラスの意味もあります。健康と家族が大切と思っていると、無意識のうちに、部屋の左側中央あたりに、緑の観葉植物を置いていることがあります。実際にも家族は仲良く健康です。恋愛がいつも三角関係になってしまう人の部屋の奥の右側には、ピンクの小さなクッションが３つ。これを２つにしただけで、三角関係になることはなくなりました。部屋の様子と自分の置かれている状況も、密接に繋がっているのです。

スペースメイキングシートは、部屋を９分割して考えます。シートの下端に入口があります。入口は中央とは限りませんが、下端のどこかに入口を合わせて、部屋全体を9分割で考えましょう。

正方形や長方形でない部屋の場合は、どこかが欠けてしまう場合があります。たとえば、入口部分が狭く中が広くなっている変形の部屋では、ターコイズやシルバーの部分がないこともあります。すると、ターコイズの「成長・知識」の要素やシルバーの「旅・エンジェル」の要素のない部屋であるということになります。

しかし、左の図のように、ついたてやスクリーン、家具などで仕切って、部屋が四角形になるようにすれば、9分割で考えることができます。

このスペースメイキングシートは、私の瞑想シートと同じコンセプトで作ってあります。中心の黄色の部分は、自分のポジション。ここが部屋の中でいちばん重要な部分です。ですから、ここにものが雑多にあったりするのはいけません。中心にあるものは、揺らがないものか、何も置かずエネルギーの通りを良くするかどちらかです。部屋の中心に大きなテーブルがあるのもいいし、逆に空間であるのも良いでしょう。

ここは、グラウンディングの土のエレメントを持つ場所。色は黄色です。ですから。陶器の黄色の花瓶なんてのがふさわしいです。部屋の中心に置けば、安定的な自分が

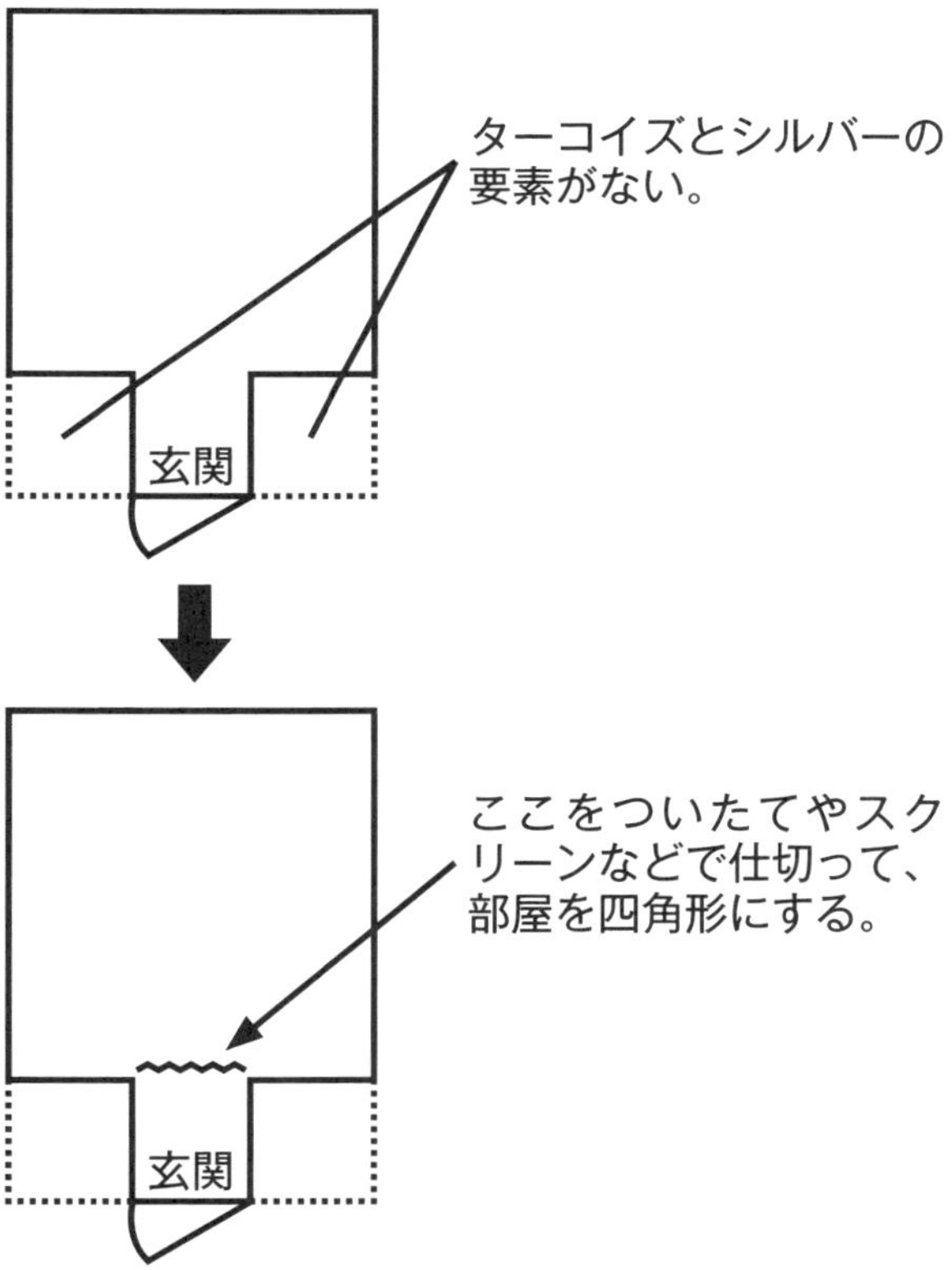
ターコイズとシルバーの
要素がない。
玄関
ここをついたてやスク
リーンなどで仕切って、
部屋を四角形にする。
玄関

維持できるでしょう。

自分が入口に向かって座っているのをイメージして、全体を見てみましょう。

右側にあるグリーンのエリアの持つエレメントは木、テーマは健康・家族です。左側のホワイトのエリアの持つエレメントは金属、テーマは創造・子供です。自分のポジションと同一線上にある2つのエリアの時制は現在です。今という瞬間にいちばん密接な環境と言えます。健康という自分の状態、家族というい ちばん近い人間関係、創造や子供は現在から未来につながる要素です。このラインが人生の土台となる部分です。

次に、部屋の中心に座っているあなたの後ろにある3つのエリアについて説明しましょう。レッドのエリアが持つエレメントは火、テーマは成功と自己実現。パープルのエリアのテーマは富と繁栄、ピンクのエリアのテーマは愛と人間関係です。4隅のエリアにはエレメントはなくテーマだけです。部屋の奥に位置する3つのエリアのテーマは、自分がつくり出した結果、つまり時制は過去です。人間関係は今も継続しているようですが、あなたの行動によってできた結果という意味では、過去です。富や繁栄、成功や自己実現は、もっとわかりやすいでしょう。あなたの生み出した現象であり結果です。

最後にあなたの前方にある3つのエリアは未来に繋がるテーマです。ブルーのエリアの持つエレメントは水、テーマは道と仕事。ターコイズのエリアのテーマは成長と知識、シルバーのエリアのテーマは旅とエンジェルです。この場合のエンジェルはあなたを助けてくれる人、支援者を指します。英語ではエンジェルにそういった意味もあります。スペースメイキングシートの要素をまとめたものがシートの裏にある表です。

各々のエリアに、色、エレメント、テーマにマッチしたものを配置することで場のエネルギーが整うというのが風水理論です。特にテーマは重要です。

❸スペースメイキングのための準備はクリーニング

スペースメイキングは氣の流れを良くして自分を良い状態に導くための空間づくりの技法です。スペースメイキングは、私がつくった言葉ですが、名前のとおり、まずはスペース（空間）をつくりだすことが重要です。ぎっしり不用品がつまった部屋は、心を圧迫します。汚れた部屋は、体に悪影響を与えます。よく、「埃では死なない」と開き直っている人がいますが、死ぬことはないかもしれませんが、心身のエネルギーは格段に低下することは間違いありません。

心と空間、体と空間が、エネルギーで繋がって影響を与え合っていることを考えれば、当然のことですし、それが実感できれば、汚い空間に住んでいることの損失に気づけるでしょう。健康な人、心が豊かな人は、清潔でシンプルな空間が好きです。決して、ものがあふれる空間を好むわけではありません。自然の氣や自然の美しさを感じとるためにも、人工的なものはできるだけ少ない方がいいのです。

④捨てる&清める

スペースとは空間のことですが、空間がなければ氣は流れません。雑多なものにあふれ返った室内は、氣が淀んで滞っています。水だって動きがないと腐っていきます。長い航海のために船に積み込まれた大量の飲料水は、船が絶えず動いているからこそ、長い間、鮮度を保つことができるのです。氣が通らないような空間が、心身に良いわけはないですし、幸運が舞い込むはずもありません。そればかりか、不要なものに囲まれて暮らしている人のほとんどは、疲れを訴えます。だから、余計に片付けられないのですが、それもそのはず。ものは存在するだけでエネルギーを消費し、同じ空間にいるあなたのエネルギーを吸い取ります。特に、汚れたものは、心身に大きな負担をかけます。

ものが多い空間が疲れるのは、そのためです。ものが少なくなると、心にも体にも元気が甦るのが実感できることでしょう。

というわけで、さっそく、「捨てる」ことから始めましょう。

捨てることができない人は多いかもしれません。真面目な人ほど、簡単にものを捨てることができません。「捨てる」ことと「整理してとっておくこと」の難易度を比べたら、断然、捨てることの方が難しいでしょう。人は、無意識に自分から、離れていくものに淋しさを覚え執着する生きもののようです。普段、ちっとも使っていなくて、存在すら忘れていたものに対してさえ、捨てるとなったとたん愛着を覚えてしまうのです。確かに、長い間、所持していたものに対する愛着はあるでしょう。しかし、その考えでいけば、人生が長くなればなるほどものが増えていくことになります。ものを所持していたはずが、やがてものに縛られ振りまわらされる生活になっていくのです。

増えすぎて、場所塞ぎのものは贅肉と同じです。どこかで断ち切っていかなければ、身動きできなくなってしまいます。ものを捨てられない人は、心の整理もできない人です。いつまでも、必要のない負の感情を引きずってしまいがちです。ものを潔く捨てられるようになったら、心も、もっと軽やかになるはずです。

捨てることのポイントはたったひとつ。捨てることに罪悪感を持たないということです。「いつか後悔するかも」とか「いつか使うかも」といった取り越し苦労も禁物です。「高かったから」とか「買ったばかりなのに」と自分にブレーキをかける必要もありません。捨てる必要のないものは2つだけです。

①頻繁に使って活躍しているもの

②大好きなもの

高価なものでも好きでないものは捨てていいものです。誰かからのプレゼントだって使っていなくて好きでないものは、捨てましょう。好きなものは、頻繁に使って活躍させましょう。大切にタンスの奥にしまっておかないで、どんどん使ったほうが、ものは活きるのです。もったいないということは、大切にしまっておいて、ものを活かさないことです。使うものは、好きなものをチョイス。好きではないものは捨ててしまう。そうすれば、モノは半分に減るはずです。

余分なモノやゴミを捨てたら、部屋を清めましょう。つまり、お掃除。部屋の隅の埃やガラスの曇りを取り除くと、心の透明感が出てくるのがわかります。こんなに密接に環境と自分が繋がっていたのかと驚かれることでしょう。ぎっしり不要品がある空間は、氣も淀んで、運気が停滞するのも当然のことです。目に見える汚れを清めると同時に、見えない負のエネルギーを浄化するには、柏手《かしわで》が有効です。部屋の各隅には、エネルギーが停滞して淀みがちですから、パンパンと大きく手を打って、エネルギーを拡散させましょう。

さぁ、具体的にやってみましょう

始めから、大きなスペースをクリーンにしようとすると、疲れてしまいます。特に、荷物の多い人、いろんなものを溜め込んでしまった人は、なかなか手がつけられないでしょう。ですから、まずは、小さなスペースから始めることです。ひとつの引き出し、机の上、クローゼットの中。どこか一部分でも、クリーンな空間が生まれると、氣が動き出し、心から軽くなって、次に進む意欲が湧きます。ある程度の時間をかけてひと部屋を完成させましょう。

仕事を持っている人、忙しい人は、ついまとめてやってしまおうとするものですが、それはなかなか大変です。まずは、一日15分だけと時間を決めて準備を進めます。

大きな箱かゴミ袋を用意。一日15分だけ、捨てるものをここに入れます。決して15分以上費やしてはいけません。それ以上すると、捨てるものを判別する能力が鈍ってきます。あくまで、自分の感性を頼りに、嫌いなもの不要なものを選別します。捨てるときは、「ありがとう、そしてサヨナラ」ときっぱり決別することです。「Good bye forever!」と唱えると、ものに対する未練も断ち切れます。

フィンランド人に学ぶ捨て方の極意

できれば、不用品は、その日のうちにどこかにやってしまうのが理想的。ゴミとして出すのもいいですが、誰かに差し上げても良いですね。フィンランド人の友人のお宅の玄関の脇には、いつも大きな箱が置いてあって、誰が持ち帰ってもいいようになっています。

大きなものだと、メールでインフォメーションがくることもあります。イス２脚とかエレクトーンとか、なかなか立派なものも、自分たちの今のライフスタイルに合わないものは、きっぱり手放します。だから、お部屋の中はいつ行ってもすっきり。海を望むリビングは広々して、生活感がなく、まるでリゾートホテルのようです。それは、夫婦の好みであり、それを維持するために、こまめにものを捨てることを習慣づけているからです。夫婦２人の若いカップルではないのです。子どもが４人もいて、ごく標準的なマンションで、この空間を実現しているのですから、お見事です。

数年前、フィンランドの子どもが世界一学力が高いのは、なぜだろうということで、フィンランドメソッドが大流行したことがあります。それは、記憶する学習ではなく、考える学習を中心とした教育であることが根本にありました。教科書は、学校に置きっぱなしで、家では、家族の時間を大切にするのです。フィンランド人の友人は、学校でしか勉強をしません。つまり、時間が短く限られているがゆえに、集中が続くのだと言っていました。ダラダラするのでは、飽きてしまうのだそうです。

実は、捨てるコツも、ここにあります。短い時間をこま切れに持続した方がうまくいくのです。一週間も続ければ、毎日不用品を捨てる習慣が身につくでしょう。溜め込み体質から、浄化体質へ。捨てることは、人生を変える大きな一歩でもあるのです。

❺部屋の目的をはっきりさせる

目的がぼんやりしていると、ものは増え続けます。雑貨屋さんのように何でもありの部屋は、おそろしく落ちつかないことでしょう。部屋の目的をはっきりさせましょう。

その上で、ミスマッチなものや不必要なものは、本来の場所に移動させたり処分します。部屋ごとにテーマを決めるのも手です。私の家のリビングは、シャガールの大きな絵を中心にインテリアを決めています。トーンの違うものは、置かないというきっぱりした覚悟を持つと統一感のある部屋づくりができます。

もし、ワンルームだったとしても、その部屋が自分にとってどういう役目の部屋なのかを明確にすれば、とても居心地のよい空間になります。クリエイティブな創作のための部屋なのか、安らいでエネルギーを充足させるための部屋なのか、人が集うための部屋なのかで、必要なエネルギーが違ってくるわけです。もちろん、多目的に使う空間ではありますが、自分の人生の大きなテーマとつながる部屋づくりができれば、最高です。それが明確にならないのなら、まずは、自分の好きなものだけを置く部屋づくりをしましょう。そうすれば、自ずと自分の心がはっきり見えてくるはずです。

❻人生の目的を部屋に表現して願望を達成する

それでは、いよいよスペースメイキングで人生を豊かにする氣の流れをつくっていきましょう。大切なことは、スペースメイキングを活用して、あなたがどうなりたいかです。

1. あなたの人生のテーマは何ですか？
2. 今年の目標は何ですか？
3. 今現在、解決したい問題は何ですか？

1は大きな長期目標、2は中期目標、3はそれを実現するために支障となっているものと考えてみると、わかりやすいかもしれません。

以上の3つを順に考えていくと、自分が何を目指しているかがはっきりします。たとえば、人生のテーマは、自己実現、今年の目標は仕事を拡大する、現在解決したいものは体力増進であったとしたら、活用すべきエリアはレッド、ブルー、グリーンです。

レッドのエリアは人生の目的ですから、火の鳥の絵、赤富士の絵などを飾ると良いでしょう。ブルーのエリアには水槽や水をイメージするものが適しています。グリーンのエリアには植物や木製のものを置きましょう。

❼5分でできるスペースメイキング

スペースメイキングは、どんな形でもできる利便性があります。スペース、つまり空間をつくっていくという意味から言えば、小さな空間も、大きな空間もあるわけです。小さな空間というのは、机とかテーブルの上とか、洗面所やトイレのような小さな場所です。

大きな空間には、家や会社、ホール、町全体も考えられます。空間ですから、仕切り方次第で、どのような場所にもスペースメイキングを当てはめることができるわけです。

ですから、どこでもできて、ある一部分だけでもすることができます。例えば、旅先のホテルの部屋のバスルームにピンクのバスジェルを置く場合、入口からみて右奥に置くことで、愛のパワーが高まるというわけです。

ちょっとした、スペースメイキングは5分もあればできるもの。いろんなところで活用して効果を実感してください。

5分でできるスペースメイキング

＊ 氣の流れやすい部屋をつくるために、入口から真っすぐのラインに、余分なものやゴミがあれば取り除く。

トイレのフタは必ず閉める（不浄な氣が上がってくる）。

トイレはこまめに掃除して生花を飾る。

キッチンのシンクに洗いものを置いたままにしない（すぐに洗う習慣をつける）。

鏡はピカピカに磨く。

床にものを置かない。

水道の蛇口のステンレス部分を磨く。

家具や絵は、まっすぐにする。

達成したいテーマのエリアにエリアカラーの小物を置く。

達成したいテーマのエリアカラーの花を各色飾る。愛と人間関係のエリアにはピンクのバラ、成功と実現のエリアには赤のバラといったように。花なら、いろいろな色があっても煩雑にならない。

エレメンツにそったものを配置する。シルバーの写真立てをホワイトのエリアに移動させる。このエリアをシルバーの小物やアクセサリーを置くところに決めるのもいい。

＊ 部屋の真ん中は、いちばん大切な部分。キレイにしてから、深い呼吸を３回。
＊ 部屋と自分が共鳴して居心地の良い空間になる。
＊ 読みかけの本や大好きな本は、ターコイズのエリアに置く。
＊ 成功したいときは、キャンドルに火をつけて赤のエリアにおいて1分間炎を見つめる。
＊ 仕事運を上げたいときは、ブルーのエリアにブルーのグラスに水を入れて置く。出かける前に３口飲む。
＊ 家族の象徴となるような樹木をグリーンのエリアに置いて大切に育てる。
＊ 部屋の四隅で柏手をうってエネルギーを動かす。時計周りに順に行う。
＊ 冨と繁栄のエリアに特別なお金（お祝いでいただいたお金など）を置く。
＊ 愛のエリアにペアのものを置く。

❽「氣的生活実践度チェックリスト」を記入しましょう

一週間で内環境と外環境を同時に整えましょう。氣的生活は、日々の暮らしの中で、氣を高めて、快適な人生を実現するものです。素早く確実に氣を高める方法をマスターすれば、自然に氣的生活が身についていくでしょう。

しかし、身につくまでは、ちょっと「氣」というものに意識を向けておくことが必要です。毎日、10分の氣的生活を一週間実践してみましょう。まずは、チェックリストの7項目を習慣づけましょう。

達成度を◎○△×の四段階で自己評価します。完全にできたら◎、ほぼできたら○、ほとんどできていない場合は△、まったくしなかった場合は×で記入しましょう。

5分でできるスペースメイキングは、何かひとつできたら◎です。

一週間できたら、今度は三週間に挑戦しましょう。間を置かないで続ける方が、氣が定着するので効果的です。三週間続けば、あなたの中に氣的生活がしっかりと根付くでしょう。

楽しみながら、ワクワクしながら実践できるのが氣的生活のいいところです。

■氣的生活チェックリスト

	日付	/	/	/	/	/	/	/
1	完全呼吸法							
2	メビウスエクササイズ							
3	イメージング瞑想							
4	捨てる							
5	清掃							
6	5分でできるスペースメイキング							
7	願望達成スペースメイキング							

◎…完全にできた
○…ほぼできた
△…ほとんどできていない
×…できなかった

■記入例

	日付	10/1	10/2	10/3	10/4	10/5	10/6	10/7
1	完全呼吸法	◎						
2	メビウスエクササイズ	○						
3	イメージング瞑想	△						
4	捨てる	△						
5	清掃	○						
6	5分でできるスペースメイキング	×						
7	願望達成スペースメイキング	△						

第3章

氣的生活で、人生をグレードアップしよう

スペースメイキングで素敵な人生を手にした8人

人生に何を求めるか、どんな人生にしたいかは、人それぞれです。でも、問題やトラブルについては、共通するものがあります。個々の諸事情は違っていても、人間関係や金銭に対するトラブルは同じ問題として考えられます。

ここでは、そういった代表的な8つのトラブルについての具体例をあげて、その解決法をご紹介しましょう。

1.

健康&家族

健康問題は、日々を快適に過ごし、人生を楽しむために重要な要素です。体調を崩したり、病気になっては、やりたいと思っていることもできなくなってしまいます。健康は、パワフルな人生にはなくてはならないものです。

さらに、自分だけでなく、身近な人の健康も大切です。家族が病気になると、それは何より深い心配となります。家族の健康と調和も、人生の基盤となる重要課題です。健康がすぐれないとき、家族の間でトラブルが絶えないときほど、心が塞ぐことはありません。自分にとっていちばん身近な問題ですから当然のことです。逆に言えば、健康で家族が仲良くできていれば、幸せの基盤はできているのだとも言えるわけです。

体調トラブルで家族も沈みっぱなしのAさんの問題

Aさんは、体調不良で会社の要職を下ろされてから、すっかり自信を失ってしまい、心がいつも沈んでいます。その上、家族の間でも問題がいろいろと起こるようになったのです。まずは、受験を控えている中学3年生の長男のこと。成績が、どんどん落ちて、志望校も決まらず、暗い顔をしている長男を見ると、自分のことのように心が痛みます。同居の母と妻との仲は、相変わらず良くないようで、これも悩みの種。家に帰っても、少しも安らげないのです。

Aさんは、自分や家族を何とか変えようと頑張っていました。でも、そのパワーも続かなくなって、会社で愚痴をこぼすようになったのです。それを聞いていた同僚のJさんが教えてくれたのが、スペースメイキングでした。

彼女のアドバイスにしたがって、まずは、家族が集まるリビングからと、注意深くチェックすると、入口から見て、中ほど左側のスペースが特に散らかっているように思えます。腰窓までの高さの飾り棚が置かれ、そこには、ものがあふれかえっていました。古い雑誌、埃のかぶったお土産品、お菓子の空箱、家族がいろいろなものを置きっぱなしにしているようです。その上、出窓のガラスは曇っているし、カーテンにはシミがついているし、ゴチャゴチャした不潔な空間になってしまっていました。

Aさんはスペースメイキングシートで、汚れている出窓のある部分が、健康と家族のエリアであることを確認しました。

毎日見ていると、汚れて散らかった状態に慣れてしまいます。ときどき、他人の目になって、自分の家をチェックすると、思いのほか汚れていることに気づけます。

体調を回復させてイキイキ家族を実現させたAさんのスペースメイキング

Aさんは、早速、健康と家族のエリアの整理にとりかかりました。いらない空き箱、古い雑誌、埃だらけのものを次々とゴミ袋に投げ入れていきます。同時にシミのついたカーテンを洗濯。最後に窓ガラスを磨くと、光が射し込んで明るくなり、氣が通り始めたようでした。飾り棚にも空間ができたので、小さな観葉植物の鉢を4つ並べました。4人家族が仲良く健康でいられるようにとの願いを込めて。

キレイになった空間に家族もびっくりです。家族全員で写真を撮って、グリーンの木製フレームの写真立てに入れて飾りました。10年前の家族写真の横に、現在の幸せそうな笑顔が並びました。

その日から、何かが変わったようです。ひとことで言えば、つまっていた古いエネルギーが流れ去って、新鮮な氣が巡り出したという感じです。家族に笑いが戻ってきたとき、Aさんの体調も長男の成績も復活し、嫁姑の確執もほどけていったのでした。

2. お金

お金は、現実社会において無視できない問題です。お金なんかと言う人ほど、お金に見放されてしまいます。お金もエネルギーですから、上手な使い方をすれば、どんどん良い流れが始まります。お金に好かれる人とお金に縁がない人の違いは、たったひとつ。お金を自分自身と同じように大切に感じられるか否かです。お金は単なる道具ではありません。エネルギーですから、自分の一部なのです。

そして、自分の内環境が外のエネルギーを動かすことが理解できれば、自分が現在の状況をつくっているのだと気づけるはずです。

整った環境のもとに、順調な巡りが始まるのです。「金は天下のまわりもの」ではありますが、お金も心身と環境が整ったところを目がけてやってくるのです。

いつもお金に困っているB子さんの問題

Ｂ子さんは、都会で働くＯＬです。朝は満員電車で通勤し、帰りは終電で帰途につく生活。都会で働くということは、大きなストレスを抱えるものです。その代わり、流行のものや話題の場所が、いつも手の届くところにあります。田舎の同級生から見ればB子さんはキラキラ輝いて見えるのです。

確かにB子さんは、おしゃれで、かっこいい女性です。いつも最先端の装いを取り入れていて素敵ですが、実際、それは、とてもお金のかかることでもありました。自分のお給料以上に買い物をしてしまうこともしばしば。借りてまで何かを買いたい癖は、B子さんの運命を危険な場所に運んでいきました。つい、おだてられてブランドの高価な時計を買ってしまったのでした。販売店の言うなりにローンを組んだのですが、毎月の返済額はかなりのものでした。ただでさえ、お金を使い過ぎて余裕がないのに、返済することができなくなって、ついにサラ金に手を出してしまったのです。

ワンルームの部屋には、買ったものが積み重なって、狭い部屋をますます狭くしていきます。部屋の奥に置かれたクローゼットの前には、買ったものの、封も開けないでいる紙袋が乱雑に散らかっています。

✳お金から解放されて幸せを手にしたB子さんのスペースメイキング

B子さんが、困り果てているところに手を差し伸べてくれたのは同僚の理恵さんです。理恵さんは目立つタイプではありませんが、いつも笑顔で皆をホッとさせてくれます。B子さんがランチに行くお金もなくパソコンに向かっていたとき、お弁当を分けてくれたのがきっかけで、いろいろな相談をするようになったのです。

理恵さんは、B子さんの部屋を見ると、「もっと氣の通る部屋にしましょう。そうすれば、お金の問題だって解決できるわよ」と、B子さんを励ましました。富と繁栄のエリアが、特に乱雑になっているのが、大問題とばかりに、大掃除が始まりました。片づけをする中で、B子さんも存在すら忘れていたような品物がいくつも出てきました。B子さんは、買い物症候群のように、買うことでストレスを発散していたのです。それは、自分に自信のないことの現れでもありました。「お金があれば、何でもできる」とお金を自分の奴隷のように考えていた結果、自分自身がお金の奴隷になってしまっていたのです。

富と繁栄のエリアを片付け、紫色のクッションを置くと、部屋に品格が戻ったように感じられました。それと同時にB子さんの気持ちも落ち着いてきました。振り返って考えてみれば、満たされない気持ちを、もので埋めていたのでした。

その日を境に、お金を大切にするようになったB子さんには、なんと裕福な男性からのプロポーズが待っていたのです。でも、B子さんにとって、彼がお金持ちであることは、関係のないことでした。もう、むやみに買い物をすることはないのですから。

3. 成功

成功すること、自己実現することは、人生の目的でもあります。でも、どうでしょう。簡単に成功や自己実現が手に入るというわけではありません。偶然のように女神が微笑んでチャンスや運を与えてくれたとしても、それを持続させていくのは、本人の努力があってこそなのです。

大きな成功を収めた人は、例外なく「運が良かったのです」と言います。ただし、運を引き寄せるだけの努力をしたということを見逃してはなりません。努力と運がドッキングして始めて成功という結果が得られるのです。精一杯努力する人は大勢いますが、その人がすべて成功という結果を残せるとは限りません。だから、最後のひと押しに運が必要になるのです。逆に運だけで成功したという人がいるとしたら、ほんの一瞬のことでしょう。継続的な成功には、決してならないはずです。

✳成功できないC子さんの問題

デザイナーのC子さんは、成功したいと願っていました。でも、なかなか思うようにことが運ぶわけではありません。特に、C子さんのようなデザイナーは星の数ほどいるわけで、誰もが有名デザイナーになってパリコレで発表できるわけではないのです。コツコツと職人のようにデザインをするだけでなく、自分の作品をアピールすることが必要だと言われても、C子さんは、それができないのです。自分の思いが作品に反映されていなかったら、誰も振り向いてくれないわよと、かつて先生から言われた言葉を噛みしめながら、自分は、成功できるだけのパワーがないのかもしれないと思い悩むのでした。

成功していくデザイナーを見ていると、自分というものをしっかり持っていて個性を打ち出した作品をつくりだしています。C子さんは、自分の作品に自信がないわけではありませんが、それが、自分の個性と繋がっているかと言われれば、何とも言えないのです。つまり、真底、自分の能力を信じられていないのかもしれません。自分が成功できるだけのものを持っていると信じられない人が、成功できるはずはありません。

ある日、C子さんは、尊敬する大先輩の家に招かれました。大きな部屋の中央の奥には、赤いカーテンとキャンドルに囲まれて、先輩デザイナーの作品が飾ってありました。

誇らしげに飾られた作品は、先輩の分身のように、輝いて見えました。

帰って自分の部屋を見れば、成功のエリアには、使わなくなったミシンや雑誌が放り出されてあるのでした。

自分らしさをアピールして成功を手にしたC子さんのスペースメイキング

先輩デザイナーのスペースメイキングを見習って、C子さんがしたのは、成功のエリアを整頓し空間をつくり、そこに自分の作品を飾ったことです。そして、火のエレメントとしてランプを置きました。すると、部屋全体が活気づいたと同時にC子さんの心に自信が甦ってきたようです。

C子さんは、自分自身を認めてはじめて、他の人にも認められるのだということを身をもって知ったのでした。それからのC子さんは、自分らしさというものを、自信を持ってアピールしていくことができるようになったのです。そして、成功という結果を確実につくっていったのでした。成功とは、氣が順調に流れているときに起きる自然現象なのです。成功という大きなエネルギーによって、人は大きな喜びに包まれるのです。

4. 恋愛・人間関係

恋愛も、一種の人間関係です。恋愛関係にだけ愛が介在するのではなく、すべての人間関係は愛によって繋がっているのです。愛があれば、すべての人間関係は温かくうまくいくでしょう。愛のない関係になったとき、冷え冷えとしてぎくしゃくしてしまうのです。このように考えれば、人間関係を良好に保つことは、それほど難しいものではありません。なのに、人間関係や恋愛で悩む人が多いのはどうしてでしょう。

それは、相手に自分の我を押し通そうとする気持ちが大きくなって、愛が消えていくからです。自分が主導権をとろうとしたり、相手をコントロールしようとしたり。

相手が、自分の意と違う行動をとっても、変わらぬ愛を持ち続けることができれば、恋愛も友情も永続的なものになるのです。

恋愛が成就しないD子さんの問題

D子さんの恋愛は、数は多いのですが、長続きしません。いつの間にか、別れてしまうことの繰り返し。彼はすぐにできるのに、結婚までに繋がらない恋愛ばかりなのです。決別するのは、相手に彼女ができたり、D子さんに新しい彼ができたり。D子さんは、いつも三角関係になってしまう自分に悩むことがあります。

そろそろ結婚したいと思うのですが、なかなかゴールできないのです。今、付き合ってる彼は3つ年下で、D子さんの我がままを何でも聞いてくれますが、結婚は考えていない様子。

「ねぇ、私の言うことを何でも聞くのなら、結婚しない？」と冗談めかして言ってみたのは、昨夜のこと。すると、彼の顔は一瞬固まったようになって、しばらく無言。そして、ようやく「冗談だよね」という言葉が返ってきたのです。そうなると、「もちろん、冗談に決まっているでしょ」としか返せないのが、D子さんのプライドの高いところです。やっとの思いで口にしたことなのに、またもやカラ振り。かつての恋人たちとも同じことを繰り返してきたように思えて悲しくなってきました。

D子さんは、本当はとても家庭的で、ひとり暮らしの部屋も、きれいに整えられています。部屋の右奥のスペースは、いちばんくつろげる場所。かっこいい黒のレザーのソファに白いクッションが３つ。飾り棚には、自由の女神をバックにサングラスをかけた自分の写真が飾ってあります。

恋愛を実らせてプロポーズされたＤ子さんのスペースメイキング

今夜は、親友のレナが遊びにきます。彼女は、今秋、結婚することが決まったばかり。レナは、ソファーに座ったとたん、「このソファーの色がピンクだったら、恋愛運が高まるのに」と言って、スペースメイキングを教えてくれたのです。

愛と人間関係のエリアに同じものを３つ置くのはタブー。三角関係になる可能性を高めてしまいます。ひとりで写っている写真も不適当。ひとりでいることが継続することになってしまいます。黒い色も愛を遮るので使わない方がいいのです。

Ｄ子さんはレナのアドバイスに従って、黒いソファーにはピンクのハートがプリントされたカバーをかけて、クッションをひとつ別の場所に移動させて２つにしました。写真も、ひとりの写真から、家族で写っているものにかえました。足元のマットも淡いピンクのものにすることで、柔らかく愛らしい空間が出来上がりました。

それから一か月後、3歳年下の彼からプロポーズされたときは、本当にびっくりしたD子さんでしたが、お互いを尊重し合えるパートナーとして、一生共に歩んでいけると心から思えたのでした。

5. 創造

人生は創造ごとによって成り立っているものです。決められた毎日のようで、実は、日々新しい何かを創造しながら、私たちは生きているのです。今日と違った未来をつくり続けることで、人生は輝きを維持できるのです。明日を楽しみに生きている人は、いつまでも現役であり続けることができるでしょう。逆に、明日に希望を持てなくなったとしたら、どうでしょう。創造の対極には、惰性があるだけで、人生は退屈なものになってしまいます。

人生は、偶然に進むわけではありません。自らの意志によってつくっていくものです。私たちは、ワクワクする人生を創造するために、生まれてきたのです。

＊やる気が起きないE子さんの問題

E子さんの悩みは、やる気がでないこと。毎日の仕事も惰性で続けているだけで、特別面白くもないのです。友だちとの付き合いも、別になくてもいいように思えます。かつては大好きだったミュージカルやコンサートからも足が遠のいています。

何に対しても、興味が薄れた感じで、やる気がまったく出ないのです。このまま年をとっていくのかと不安になることすらありますが、同年齢の女性たちが、イキイキとしているのを冷めた気持ちで眺めているのです。人生に飽きたと言うには、まだ早い年齢です。でも、以前のように積極的に何かをする気持ちがわかないのですから、どうにもなりません。

E子さんがいつからこうなったかと言えば、会社で自分の意見を言うのを控えるようになってからです。どうせ言っても聞いてもらえるわけでもないし、黙ってパソコンに向かっていた方が、人と衝突しないからと、自分の心にふたをしてしまったからなのでしょう。

ですから、自分がどうしたいのかと言われると、自分のことなのに、どうしていいか分からないのです。休みの日にも、ただ、ぼんやりとテレビを見て過ごすだけで、何かしたいことがあるわけではありません。

誰かが与えてくれるものを、黙って受け取っているのがラク。言われた仕事を黙々とこなしていれば、お給料はもらえる。テレビの前に座っていれば、笑わせてもらえる。こんな受け身の生き方が身についてしまったのでしょう。

そのせいで、新しいプランを立てるというような自分が考えなければならない仕事には、まったく能力が発揮できなくなっているのでした。

平均寿命までには、まだ何十年もあるというのに、未来に希望が持てなくなっているのです。明日も明後日も、今日と代わり映えのしない毎日なら、生きている意味ってないんじゃないのかなとさえ思えるのでした。

創造的な人生を楽しめるようになったE子さんのスペースメイキング

変わり映えのない毎日と同じように、E子さんの部屋は、ここ数年模様替えをしたことがありませんでした。カーテンもカーペットも、トイレのマットさえ、5年前と同じものでしたが、買い替える必要性を感じたこともなかったのです。しかし、よく見ると、カーテンも色が褪せています。カーペットも毛玉ができてくたびれた感じになっています。

「何だか私みたい」と思ったE子さんは、思い切って模様替えをすることにしたのです。部屋の中央の右寄りのスペースには、古い本が積み重ねられて、今にも倒れてきそうになっています。創造のエリアはデッドスペースになっていたのです。

まずは、ここから片付けようと、E子さんは、すべての不用品を外に出して、久しぶりに日の目を見るフローリングを丁寧に雑巾がけして、拭き清めたのです。キレイになった床に真っ白なシャギーラグを敷いて、右側の壁には、メタリックフレームのおしゃれなピカソの絵のポストカードを飾りました。

創造のエリアに氣が巡るようになると、不思議なことにE子さんの心に変化が起きたのです。何かをつくりたい、変化を起こしたい、自分をもっと輝かせたいと、すべてに意欲的になっているのでした。

それから絵画教室に通い始めたE子さんは、自分でも思ってもみなかった才能があったようで、描く楽しみを満喫し、秋には、海外スケッチ旅行を計画しているのです。絵をきっかけに、E子さんの世界は大きく広がっていくのでした。

6. 夢の実現

人生は夢を叶え続けるためにあるのです。だから、夢を思い描けなくなったら、先に進めなくなるのです。明日が楽しみでなくなったら、人生は、味気ないものになってしまうでしょう。夢が実現するか否かは、本当はどちらでもいいことで、夢に向かって歩いているとき、人は幸せを感じ、大きく成長するのでしょう。

とは言っても、長い間の夢が実現すれば、嬉しいですね。夢を実現するためには、2つの条件があります。まずは、夢をあきらめないで描き続けること。2つ目は、共感してくれる人がいること。共感してくれる人がいる夢は、叶う夢です。「いいね、その夢」と言ってもらえたとき、夢は現実にグーンと近づくのです。

夢を描き続けられなくなったFさんの問題

Fさんは、小さな旅行社を営んでいます。世界を飛び回り、未知の世界を探訪するのがFさんの夢でした。その夢を仕事にできたFさんはとても幸せでした。ところが、不況のあおりを受けて、お客さんがめっきり減って、2人の従業員に賃金を払うこともできなくなっています。借金に借金を重ねて、賃金を捻出していたのも限界。今月を最後に辞めてもらう話をしたところでした。2人の従業員にも家庭があって、生活がありますから、無給で働くことはできません。長年一緒にやってきた従業員はFさんにとって弟のような存在でした。家族ぐるみの付き合いをしていて仲が良いだけに、辛いものがあります。

「最後に、このオフィスを大掃除させてください。長年のお礼をオフィスにもしたいのです」と言いだした2人と一緒に、土曜の午後、Fさんは大掃除を始めることにしました。「土日2日間で、このオフィスをピカピカにしていきますよ」という2人の言葉に、Fさんは、あらためて自分の不甲斐なさを感じるのでした。

オフィスといっても自宅の一部を改築した小さなものでしたが、表にはちゃんと「有限会社ドリームツアー」という看板がかかっています。自宅の右側に増設したちょっと洒落た建物は、Fさんのお気に入りのスペースだったのです。

しかし、最近では、訪れる人もほとんどなくて、素敵なオブジェや絵画にもうっすらと埃がかぶり、看板のシルバーのプレートもくすんでしまっていました。Fさんが思い描い続けてきた世界を巡る夢も、しぼんで輝きを失ってしまったのです。

夢を甦らせてワクワク人生を復活させたFさんのスペースメイキング

くすんだ看板を磨いていた従業員が大きな歓声をあげました。「社長、こんなにきれいな看板だったのですね。ピカピカに輝いていますよ」Fさん自身も忘れていたシルバーの輝きでした。「そうだった。10年前は、こんなに輝いていたんだ」と、Fさんの心に、自分がしたかったことに対する情熱と夢が舞い戻ってきました。

きれいになったオフィスには、ラファエロの天使のリトグラフと、地球儀が誇らしげに飾られていました。辞めていく従業員からのプレゼントでした。地球儀と天使は、シルバーのスペースのテーマである旅と支援者を象徴するものです。

その日から、Fさんの周りに変化が起き始めました。今まで閑古鳥が鳴いていたオフィスに人が訪ねてくるようになりました。

遠のいていた顧客も次第に戻って来はじめた頃のこと。古くからの上得意客だった老婦人から、事業資金融資の申し出があったのです。老婦人は、Fさんの真面目な人柄と夢にかけようと思ったようでした。その年から、Fさんの念願だった美の発見ツアー企画がスタートしました。世界でいちばん美しい場所を探すワクワクするような旅です。Fさんの夢が全面に出たこのツアーは大好評で、キャンセル待ちが出るほどになりました。経営がうまくいくようになった一年後には、かつての従業員も戻って、ふたたび同じ夢に向かって歩き始めたのでした。

7. 仕事

仕事は、生きている証です。生きるということは、仕事をすることです。仕事のない人生は、つまらないものです。どんなにお金があっても、仕事がないことは、とても不幸です。逆に、お金がなくても仕事があれば、心は喜ぶのです。そして、自分の仕事に誇りを持てれば、それが、生きる目的になるわけです。自分らしさは、仕事を通じて、表現することが多いのです。

仕事に意欲が湧かないGさんの問題

Gさんは大企業で働くビジネスマン。入社7年目にして、部下がひとりもいないという情けない立場にあります。その理由は、Gさん自身にあって、仕事に対して意欲がないからなのでした。

マスコミ業界に就職したかったGさんにとって、今の会社はちっとも面白いものではありません。営業も商品開発もGさんにとっては苦手なもので、どうやったところで、評価されるようにはならないのです。すると、ますます仕事が面白くなく、ストレスになってしまったのです。

あるときから、Gさんは、仕事は生活のためのものと割り切るようになりました。だから、5時までは会社にいても、5時になればさっさと帰宅するので、上司や同僚からの評判がいいわけはありません。リストラがあれば、真っ先にGさんの名前があがることは間違いありません。

Gさんは会社を抜け出ると、一目散に居酒屋に向かいます。そして、正体がなくなるまで飲んでしまう。それは、どこかで満たされない思いがあるからなのでしょう。自分が認められないというコンプレックス、こんなはずじゃなかったという自己憐憫《れんびん》、なんとかしなければという焦り、そんなものが合わさって、Gさんの心を不安定にしているのです。

この先、どうしたらいいのだろう。仕事を他に探すこともできないし、このままじゃ、リストラされるかもしれない。どうして、こんなことになってしまったのだろう。イキイキと働く人を見ているとGさんは、心から羨ましく思うのでした。

✳仕事に生きがいを感じられるようになったGさんのスペースメイキング

Gさんの部屋は、学生時代のままのアパート暮らし。大家さんが二階に住んでいるワンルームです。学生用のとても狭いアパートの玄関の靴置き場には、お酒の空き瓶がゴロゴロしていて、なんだか嫌な臭いを漂わせています。よく見ると小さな虫がびっしり。さすがのGさんも気味が悪くなって、思い切って大掃除をすることにしたのです。

ともかく、ゴミを捨てることから始めなければなりません。ゴミ置き場と部屋を何度往復したでしょう。ようやく床が見えるようになった頃には、Gさんの心は少し穏やかになっていました。投げやりな気持ちが緩和されて、少し、前向きな考え方ができるようになった自分に驚いたのはGさん自身です。

きれいになった玄関は、仕事と道のエリア。

Gさんは、ここに水槽を置いて、熱帯魚を入れました。気持ち良さそうに泳ぐ熱帯魚を見たとき、Gさんは、こんなふうに伸び伸びした人生を送りたいと心から思ったのです。

翌日、会社に行ったGさんは、いつもと違うGさんでした。何だか、生まれ変わったように、すべてが輝いて見えるのです。つまらないと思っていた仕事さえも、楽しく感じられるのです。人と関わりながら、仕事をこなす喜びは、Gさんが始めて知るものでした。その日から、Gさんは、会社をリードしていくリーダーとして活躍するようになりました。

もちろん、上司や同僚からも、大きな評価と信頼を受けて、Gさんは仕事を通じて得られる有形無形の財産をたくさん手にしたのです。

8. 精神の成長

精神の成長は、人間にとって最高の喜びです。人にどう評価されるかという以前に根源的な魂の喜びとして、人は、成長する方向性を持っている生物なのです。

生まれてから今まで、いろいろな体験や学びを経て、人は成長し続けてきています。個人個人の成長が集まって、人類全体の成長となります。人が成長しない生物であったなら、人類はこれほど進化しなかったでしょう。成長することは、人間にとっての喜びであり自然な生理的欲求なのです。ですから、ある年齢になると成長が止まるというようなことは、決してありません。それは、むしろ不自然なことです。成長する自分を意識することこそ、人生の、そして人類共通の目的なのです。

✳退屈で気分が鬱になっているH子さんの問題

H子さんは、人から見たら何の不自由もない悠々自適な暮らしぶり。瀟洒《しょうしゃ》な家に夫とふたり暮し。仕事人間の夫は、60代の今も仕事一途。仕事以外のことは、ほとんど頭にない様子です。子どももいないので、夫婦の会話も途切れがちです。夫は、仕事をしていれば幸せなようで、趣味や娯楽といったものには、まったく興味がなく、休日も書斎にこもってパソコンに向かっているのです。ですから、これまでH子さんは、女友だちと旅行に行ったり趣味の教室に行ったりして過ごしてきました。

ところが、この頃、友人たちは、孫の面倒をみることで忙しくなったり、家族で旅行に出かけたりで、付き合いが悪くなってしまったのです。長く続けてきた趣味のパッチワークにも飽きてしまったH子さんは、時間を持て余すばかりで、ぼんやりすることが多くなりました。すると、頭の回転が悪くなったばかりか、何だか気分も鬱っぽいのです。動きも鈍くなったようで、一日ダラダラとお掃除をしていても、なかなか片付かず、部屋も乱雑になっていました。特に、玄関横のフリースペースには、いろいろなものがゴチャゴチャと置かれています。自分でも、何とかしなきゃとは思うものの、夫が何も言わないことをいいことに、片付けを先延ばしにしているのです。

イキイキとした精神を取り戻したH子さんのスペースメイキング

自分の心の鬱積《うっせき》を玄関横のゴチャゴチャのようだと感じたH子さんは、やっと片付けをする気になりました。このエリアは、成長と知識を繁栄させる場所です。何があるのかも忘れてしまっているスペースのガラクタを片付け始めると、止まっていた心が少しずつ動き出すように思えました。心が動き出すと、このスペースにふさわしいトルコ石でできたオブジェを飾ってみたくなりました。

何に対しても無関心、無感動になりかけていた自分の心が、感受性を取り戻し、好奇心にあふれるようになったとき、H子さんはとても行動的でポジティブな女性に変身したのです。一人旅にでかけたり、英会話のサークルに参加したり、ボランティアグループに入ったりと、自分の世界を広げる動きが自然にできるようになったのです。

何かを知りたいという欲求、どこかに行ってみたいという気持ち、誰かと話す楽しみは、長い間、忘れていたものでした。

精神がイキイキと動き出すと、何に対しても意欲的になれて、何をしていても楽しいのです。人生って、本当に楽しいとH子さんは心から思えるのでした。

第4章

氣的生活Q&A

Q1

最初は効果があったのですが、最近は効果が感じられません。何か原因があるのでしょうか?

A1

原因は2つ考えられます。

まずひとつ目は、氣が動き始めると、最初は、劇的な変化を感じることがあるということです。止まっていたものが動くのですから、変化も大きく感じるのです。とても悪い状態から良い状態への幅が大きいからとも言えます。ある程度、良い状態になると、大きな変化がないように感じることが多いのですが、本当は、全体的に良い状態を保っている証です。

原因の2つ目は、変化を起こすだけのエネルギー量が不足しているということです。これは、外的なスペースメイキングの他に、内的環境を整える必要があります。毎日の10分間トレーニングの時間を伸ばして、ご自身の氣を高めてください。

Ｑ２

なかなか不満を抑えることができません。そんなときの対処法を教えてください。

Ａ２

不満は氣が低下すると起きやすい感情のひとつです。ですから、まずは氣を高めることが先決。不満はネガティブなエネルギーとして、心の動きにストップをかけて、ますます心身の状態を低下させます。不満解消呼吸をしましょう。

【不満解消呼吸】

完全呼吸法の吐く息にイメージをプラスしましょう。吐く息とともに、不満分子が体内から抜け出ていくとイメージするのです。続けると、次第に心が軽くなってきます。

Q3

仕事上、食事が不規則になりがちです。それでも氣的生活を送れるでしょうか？

A3

大丈夫です。氣的な食事法とは、時間を決めて食べるものでなく、体と相談しながら行う食事法です。時間通りに食べるより、必要なときに食べるようにしましょう。

- お腹が空いたら食べる習慣を身につける（若返りのサーチュン遺伝子がオンになります）。
- 良く噛んで食べる。唾液によって免疫力が高まります。
- お腹が空いても食べられないときは、呼吸でエネルギー補充をする。

Q４

全てを実践できなくても氣的生活を送っていることになりますか？

A４

もちろんです。どれかひとつでも実行してください。氣というものを意識するだけで、まわりとの調和力が高まり、氣的生活の素晴らしさを実感していただけるでしょう。

忙しいときは、５分でできるスペースメイキングの中からひとつだけでも行ってみてください。

Q5

瞑想や呼吸法は入浴時など、どこで行ってもいいのでしょうか？

A5

どこでも大丈夫です。本格的な瞑想をするのに、お風呂は不適当ですが、10分間トレーニングのイメージング瞑想なら大丈夫です。通勤途中の電車の中などで行うこともできますので、日々の生活の中に取り入れましょう。

満員電車の中で呼吸法を行っていたら、氣が広がっていくせいか、周りとの空間が自然にできることがあります。満員電車で押しつぶされそうになったら試してみてください。

Q6

瞑想をはじめると様々な雑念が頭の中に浮かんできて、なかなか集中できません。こんなときはどうしたらよいでしょうか？

A6

今回、ご紹介したイメージング瞑想は、雑念を追い払うのに最適な方法です。雑念は浮かぶのが当然です。ただ、それを持続させないことが大切なのです。だから、素早く一定のイメージのところに戻るイメージング瞑想が効果的だと言えます。

雑念が浮かんだら、自分の好きな情景を思い描いて、雑念をストップさせましょう。

Q7

氣の感覚がはっきりとわかりません。具体的にどんなことなのでしょうか？

A7

氣はエネルギーとして体感することができます。いちばん感じやすいのが手のひらなので、手のひらを向かい合わせて間にある氣を感じるトレーニングをします。

体感できる氣の感覚は5つあります。

- **熱感**……温かい感じ
- **圧力感**…空気の層のような弾力のある感じ、氣のボールのような感じ
- **磁力感**…両手が反発したりくっついたりする磁石のような感じ
- **通電感**…指先がピリピリする電気が通ったような感じ
- **通風感**…手のひらの間を風が吹き吹けるような涼しい感じ

この氣の感覚を体内や体外で感じながら、トレーニングするのです。

Q 8

どのくらいの期間続ければ効果が表れるのでしょうか？

A 8

人によって違いはありますが、まずは一週間続けてみましょう。そこで大きな変化を感じる人もいますが、止めないで三週間は続けてください。

氣的生活は、人生をグレードアップするための最高の技術であり、生き方です。生活の中に取り入れて、続けられることをおすすめします。

Q9

睡眠時間が短くても氣的生活で熟睡して、スッキリ目覚めることができますか？

A9

氣的生活で氣が充実してくれば、睡眠時間が少なくても大丈夫です。特に、完全呼吸法で自律神経を安定させれば、質の高い深い睡眠が得られるでしょう。睡眠の時間がとれないときは、眠る前に完全呼吸をしてから眠りましょう。そうすれば、スッキリと目覚めることができます。

Q10

氣的生活をはじめてから、今まで仲の良かった人とは別のタイプの人と付き合うようになりました。これまで自分が苦手としてきた人です。良い効果なのでしょうか？

A10

氣的生活で自分の氣が高まると、周りの人間関係が変わることがあります。人間関係は、氣によって引き合う関係なので、同じ氣のレベルの人と仲良くなるのは当然なのです。

氣が高まって、人間関係が変わるということは、あなたにふさわしいグレードの高い人間関係が始まったのだと理解すれば良いでしょう。

Q11

夜遅くまで起きていることが普通だったのですが、最近夜11時ごろにはとても眠くなって寝てしまいます。氣的生活のおかげでしょうか？

A 11

身体リズムが整ってきたのだと考えられます。

早寝早起きは、健康生活の基本です。自然のリズムと調和して生きる氣的生活は、太陽とともに起きて、暗くなったら眠るのが自然です。12時前に寝るのは、とてもいいことです。

Q12

一度に９つすべての場所をスペースメイキングしてもいいですか？

A12

できないことはありません。とくに、クリーニングは９つのスペース全部に必要です。

ただ、問題解決や願望実現をするには、その関係のエリアを中心にスペースメイキングを行う方が良いでしょう。

Q13

友人や家族、同僚から良い知らせを受けることが増えましたが、自分自身には特に良いことは起きていません。これも氣的生活の効果なのでしょうか？

A13

そうです。氣的生活は、あなた自身だけでなく、あなたの周りにも良い効果をもたらします。あなたの氣と周りの氣は、つながっているのです。

あなた自身には特に良いことが起きていないということですが、周りに良い氣の流れがあるということは、やがて、あなたにも良いことが起きる前兆です。楽しみに氣的生活を続けてください。

Q14

スペースメイキングで実現したいことが変わったときは、今までやってきたことをやめても大丈夫？

A14

今までやってきたことをやめても大丈夫です。

今の瞬間の心が欲していることを具現化するためにスペースメイキングはあります。心にもないこと、それほど強く望んでいないことのために行うスペースメイキングは、あまり効果が上がりません。自分の心を指針として、実現したいことに的を絞って行ってください。

Q15

旅行先（宿泊先の部屋）でも、スペースメイキングをしてもいいですか？

A15

ぜひ、行ってください。宿泊先の部屋は、今まで、いろんな人が泊まっていますから、氣も一定ではありません。稀に、淀んだ氣が残っていることもあります。そういった場合は、芯から寛ぐことが難しくなります。ですから、簡単にスペースメイキングを行いましょう。５分でできるスペースメイキングがおすすめです。

Q16

家族の部屋もスペースメイキングをしても大丈夫でしょうか？

A16

大丈夫です。家族の部屋、特に子ども部屋にスペースメイキングをするのは、効果的です。

家族が気持ち良く過ごせる空間をつくってあげることは、とても素敵なことで、それが家庭の役割でしょう。家に帰ってきたらホッとして、明日も頑張れる空間をつくってください。

Q17

スペースメイキングはペットにも効果がありますか？

A17

ペットは、思った以上に敏感で場の影響を受けますから、スペースメイキングで良い環境をつくってあげることは、非常に効果的です。ペットのいる場所の氣の流れを良くすると、ペットは病気になりにくくなります。完全呼吸法をしながら接すると、ペットは、とても落ち着いてきます。

Q18

風水の本を読んだときに、今住んでいる家の間取りがよくないと診断されました。スペースメイキングに間取りは関係あるのですか？

A18

スペースメイキングは、間取りよりも、氣の流れを整えていくことを大切に考えます。

スペースメイキングは、部屋ごとに行うことも、家全体で行うこともできるので、いろいろな条件に縛られることがありません。また、目的別に行うこともできる利便性を持っています。未来を自分でつくっていけるのがスペースメイキングの優れたところなのです。

第5章

氣的生活を実践するための36の習慣

日常的に氣を高めることができればイキイキした毎日を送れる

氣的生活は、氣を高めることがとても大切。氣的生活を楽しく実践している人が習慣にしている「氣を高めるコツ」をご紹介しましょう。どれも、日常生活の中で、簡単にできるものばかりです。できるものから、始めましょう。

1 部屋に好きなものを置くと氣が高まる

モノの価値は、その人の心が決めるものです。どんなに高価なものであっても、心に響かないものは、自分にとって価値があるものではありません。逆に、安価なものでも、自分の心がワクワクするものは、大きな価値を持つのです。あなたのお部屋、お風呂、トイレ、キッチンに、あなたの好きなものをひとつずつ置きましょう。見るたびに心が潤うものを厳選しておけば、氣が高まってきます。

2 人のいいところを見る癖をつける

だれにでも、良いところと悪いところがあります。良い人、悪い人という評価は、その人のどの部分を見ているかということです。もし、良いところだけを見ることができれば、どんな人でも、「良い人」ということになるのです。

「良い人」と思えた瞬間から、その人は、確実にあなたにとっては良い人になるでしょう。人は、思った通りの人になるのですから。自分の周りを良い人ばかりにするのは、あなたの心の動きが決めることです。意識的に、いいところを見る癖をつけましょう。それが、氣を高め、豊かな人間関係を築く第一歩です。

3 幸せな人からもらったものは大切にする

ものには、思いが宿ります。ものにもエネルギーがあるのです。上質なものは、良い氣を持っています。プレゼントには、贈った人の気持ちが込められているものです。あなたのことを思って選ばれたものには、愛のエネルギーがいっぱいつまっているのです。そして、贈ってくれた人が、幸せ波動を持っている人なら、幸せのエネルギーも同時に伝わっているでしょう。幸せな人、運のいい人から、もらったものは、エネルギーの高い幸運グッズとも言えるのです。

4 「我がまま」になる一日をつくる

ワガママというのは、我がまま。つまりあるがままの自分ということです。私たちは、社会生活を送るために、自分を抑えて他人と調和していることもありますが、それが、ストレスとなっていることも多々あります。ときどき、本来の自分に戻るということは、氣を滞らせないためにも必要なことです。

人に合わせないで、自分の思いだけで過ごす一日を作りましょう。休日の一日だったらやりやすいですね。誰にも合わせず、自分の好きな過ごし方をしてみましょう。

5 運を上げるためには、誰かを喜ばせることをする

運気を上げたかったら、自分のことから少し意識を外して、誰か他の人のことを喜ばせることを考えましょう。誰かを喜ばせ感動させるエネルギーは、大きなエネルギーとなって、あなたに戻ってくるものです。それが、幸運を引き寄せるパワーとなります。

自分の思いが叶わないと、「ツイてない」と現状に不満を持ちがちですが、ますます氣がダウンして、せっかくの幸運を引き寄せられなくなるものです。

こんなときにこそ、思い切って、誰かの幸せを考えてみましょう。

6 今日あったいいことを思い巡らせながら眠りにつく

いい気分であることは、それだけで氣を高め、幸せ感を倍増させます。それが、幸せ体質の基本です。ですから、幸せは、じっくりと味わうことが大切です。繰り返し繰り返し、幸せ気分を噛みしめることで、幸せエネルギーは高まります。日中は、そんな時間はとれないかもしれませんが、夜、眠る前には、一日を振り返って、いいことを思い出しましょう。幸せエネルギーを巡らせながら眠りにつけば、眠りの質もグッと上がります。眠っている間に氣がますます高まって、細胞レベルで幸せ体質になれるのです。

7 季節を食べる

日本は四季のある美しい国です。そして、四季折々の異なった氣が巡ります。空気も自然も食べ物も。季節ごとに、その季節のフレッシュな氣が立ち込めるのです。春には、桜のピンクのエネルギーを感じながら、新鮮な野草を食べるのが最高の贅沢です。秋には、紅葉を楽しみながら秋の実りをいただく。こんなふうに、季節の氣を体内に取り入れると、体も心も調和されて、幸せを感じやすくなるのです。

8 日の出の太陽でパワーを増強する

朝の太陽は、運気を高める大きなエネルギーを持っています。まだ、昇りきらない太陽は、穏やかな光を放っています。見つめているだけで、体にスーッと染み込んできます。

眉間から、太陽エネルギーを体内に吸収しましょう。体が温かくなるのを感じることでしょう。自分の体に太陽が宿ったことをイメージしながら、一日を過ごせば、パワーが倍増して、運気も高まります。

9 色のパワーで自分のバランスを取る

色には、パワーがあります。今の自分に必要な色を、衣服や小物に取り入れましょう。自然にエネルギーバランスが取れて、心身を調和させて、必要なパワーを高めてくれるでしょう。

白……心をクリアにして浄化する
赤……生命力を高め元気になる
橙《だいだい》……人間関係を良好にする
ピンク…恋愛運を高める
黄色……豊かさとインスピレーションを高める
緑……愛のエネルギーを高め、癒し効果を増強する
青……創造力を高める
藍……直感力を高める
紫……霊性・スピリチュアリティを高める
黒……すべてを受け入れる・心を鎮静化する

10 元気にあいさつをする

元気に声を出すことで、体内の氣は動き活性化されます。声を出す職業の人が元気なのは、そのためです。生命力のある人の声は、自然に大きくなります。良い声を響かせることで、氣が高まって、幸せを引き寄せることができるのです。

元気にあいさつをする習慣をつけましょう。普段は静かに話す人でも、「おはようございます！」「こんにちは！」「ありがとうございます！」と、気合いを入れて発声してみましょう。

元気がないときほど、効果が実感できますから、ぜひ試してみてください。

11 氣を高めるための食べ物は黒いものと根菜類

氣力を高めるための食べ物を積極的に取り入れましょう。

黒い食べ物は、腎を強化し生命力を高めます。例えば、黒ゴマ、ノリ、などです。

さらに、根菜類は、大地のエネルギーをふんだんに含んでいます。生姜、ゴボウ、山芋、レンコンなど、氣を高める効果抜群です。

これらの食べ物は、日々の食事のメニューに自然に盛り込むと無理なく続けられます。特別にお料理をしなくても、ご飯にゴマを振りかけるとか、ジンジャーティーを常飲する工夫をしてみましょう。

12 「Someday note」をつくる

あなたの叶えたい夢は何ですか？　夢を持つことは、人生に潤いを与えてくれます。いつも、心が夢でいっぱいの人には、幸せエネルギーが巡っています。夢は、いっぱい持っていたほうがいいのです。夢をたくさん生み出すには、日々の生活の中で、少しでも心が動いたことを記録しておくことです。例えば、テレビで素敵な人を見て、こんな人になりたいと思ったとしたら、「いつか○○さんのようになりたい」と記録するのです。美しい場所があれば「いつか○○に行きたい」、人から聞いたお店も「いつか○○に行こう」と書き留めておきましょう。夢になる前の小さな心の動きを、メモしておくのが「Someday note」です。それは、大きくふくらんで夢になるかもしれません。あるいは、もっと簡単に実現することもあるでしょう。

13 温かい飲み物は心を温かくする

幸せエネルギーが心に満ちあふれているときは、体も心も温かい感じがします。それは、氣が充分にあると、エネルギー代謝も良くなるからです。でも、氣が停滞すると、幸せ感が乏しくなって、心が空虚になって、不満や不安が湧き上がってきます。そんなときは、氣を高めるのがいちばんです。まずは、温かい飲み物を体内に入れましょう。心が、ホッとして、エネルギーが巡り始めます。

14 お花を買う

キレイなものを見ることは、それだけで、氣を高める効果があります。お花は、その代表的なもの。お花が一輪あるだけで、その場がパッと輝きます。

あなたの好きな花は、何でしょう。きっと、それは、今のあなたに必要なエネルギーなのです。赤いバラも、白いユリも、黄色いガーベラも、紫のトルコキキョウも、異なった美しいエネルギーを持っているのです。お花屋さんに行って、ピンときたものを買ってみましょう。

15 80%の幸せを堪能する

幸せは、見つけるものではなく、感じるものです。そして、感じるたびに大きくなって、更なる幸せを呼び寄せるのです。幸せ感度の高い人ほど、幸せな出来事が起こりやすいのは、そのためです。幸せ体質になるためには、ちょっとした幸せをじっくりと味わうことなのです。100%の幸せを求めて不満足な状態でいるより、80%の幸せを堪能するほうが、結果的には、大きな幸せを手にすることができるのです。小さな幸せでも、じっくりと味わってみましょう。

16 自分の原点に戻れる場所やモノを持つ

誰でも、夢や希望にあふれていた頃があったでしょう。年とともに風化していったように思えるトキメキやワクワクする気持ちは、なくなったわけではありません。ちゃんと心の奥深くに眠っているのです。そこが、あなたの原点です。

すべてのことに始まりがあります。そこには、純粋で清らかな氣が流れています。宇宙と繋がる神聖なエネルギーです。そのエネルギーを持ち続ければ、ポジティブな気持ちで楽しみながら進むことができるのです。マンネリになってしまうのは、エネルギーが少し淀んでしまったからです。初心を思い出すためには、いろんなきっかけがあります。社会人になった頃よく行った喫茶店、新婚当時に2人で選んだマグカップ、あるいは、もっと時代をさかのぼれば、高校生のときの定期入れなど、その頃に帰れるものは、いろいろあるでしょう。自分の原点に帰れば、心に夢や希望が戻ってくるはずです。

17 好きな童話、好きな映画の主人公になってみる

自分を変えたい、もっとステキな自分になりたいときに手っ取り早いのが、誰かになったイメージをすることです。実在の人物でもいいですが、童話や映画の主人公になってみましょう。かっこいい主人公や、チャーミングなヒロインを演じているうちに、自分がだんだん変わっていくのです。自分の理想の人を演じることは、楽しいだけでなく、自分をチェンジするのにとっても効果的です。

18 「いい加減を知る」

「いい加減」を知ることは、幸せを感じるのにとても大切な要素です。心が調和した

状態が「いい加減」です。心は、ときに暴走して、不調和を生み出します。どんなに自分が恵まれているかを忘れて、不満ばかり言っている人の心は、不調和の氣が幸せを遠ざけてるのは言うまでもありません。欲望は限りなくふくれ上がってしまいます。無いものに目を向ける前に、あるものに意識を集めて満足の気持ちを持ちましょう。それだけで、心は、調和の氣で満たされて、幸せエネルギーが巡るようになります。

完璧を目指して、ストレスを感じるよりも、いい加減の状態で納得する自分をつくることも、ときには必要です。完全燃焼して空っぽになってしまっては、幸せを生み出すこともできません。

19 美術館に行き美しい氣を巡らす

都会にあるパワースポットは、美術館です。そこには、上質の氣が流れています。絵画や彫刻の前に立って、エネルギーを感じてみましょう。あなたの気持ちが良くなる作品は、あなたに必要なパワーを持っているのです。心をゆったりさせれば、全身に作品の持つ美しい氣が巡ります。それは、心を浄化させる作用もあります。心と体が美しいエネルギーで満たされていれば、幸せは、尽きることがありません。

美術館の中にある庭やカフェで、ゆったりするのも心が喜ぶ時間です。

20 朝起きたら鏡に向かって極上の笑顔で「おはよう」と言う

朝の気分は、一日中影響します。いい気分で起きた一日は、何となくいいことが起きそう。元気いっぱい過ごせそうです。でも、朝から、気分を曇らせるニュースを聞いたり、どんよりした空を見ていると、テンションが落ちてしまうこともあります。自分の気分を外的な要因で落としてしまうのは、ちょっと残念ですね。

自分の気分は、自分で上げる。そう決めて、朝は、鏡に向かって飛びっきりの笑顔で「おはよう」と言うところからスタートしましょう。きっと、ステキな一日になるはずです。

21 雲の動きを追って一日過ごす

心にゆとりがあることが、幸せを引き寄せるポイントです。幸運もステキな人も、余裕のない人にところには、寄りつかないのです。イライラ、アクセクしている人も、ストレッサーとなって、人に安心感を与えません。

「この人ともっといたい」と思わせる大らかな慈愛に満ちた人になるには、ゆったりしたリズムで、心の余裕を持つことが大切です。

忙しいときほど、リズムの調整が必要です。今度の休日には、のんびりと、一日、雲の動きを追ってみましょう。刻々と変化する雲は、見ていて飽きることがありません。自然の中で寝転がって、ゆったりしたリズムを体に復活させましょう。

22 無邪気になる

無邪気とは、邪気のないことです。邪気はネガティブなエネルギーで、幸せを遠ざけてしまいます。濁ったエネルギーのところに良いものが寄りつかないのは当然のこと。人も運も幸せも離れてしまうのです。邪気がなく純粋な氣のところには、良いものが無限に引き寄せられてくるでしょう。自分の心を無邪気に保つコツは、クネクネ曲がった心や、クヨクヨする心を捨てること。まっすぐで明るい心が、無邪気な心です。

23 自分のために丁寧にご飯をつくる

食べることは、生命を維持するためだけではありません。心を喜ばせることでもあるのです。おいしいものを食べるとき、人は自然に笑顔になります。美味しいものの定義は、そこに氣がこもっているかどうかです。食べ物の氣、つくった人の氣がこもっている料理は、例外なく美味しいもので、心と体を元気にします。ときどきは、自分のために、丁寧に氣を込めて料理をしてみましょう。

24 好きな言葉、好きな音楽を見つける

好きな言葉や好きな音楽を見つけましょう。言霊《ことだま》や音霊《おとだま》が宿る上質のものは、宇宙と繋がる高い波動を持っています。それは、幸せを呼び込む大きなパワーとなります。心を温かくする繊細な波動を持つものを見つけることです。言葉に敏感になれば、日常でも、美しい波動の高い言葉を自然に使えるようになって、さらに大きな幸せを引き寄せることができるでしょう。

25 眠るための極上の空間をつくる

眠っている時間は、とても大切なもの。心と体をリセットして、エネルギーを補充するための時間です。良い眠りは、人生を順調に進めるための心と体の状態をキープするのに、絶対に必要なものです。良い眠りがあれば、朝は、フル充電で、目を覚ますことができるはずです。眠りが浅い、寝付けない、寝起きが悪い、疲れが取れていないというのは、眠りの質が悪いからで、人生の大きな損失です。

眠りの質を上げて、人生をグレードアップしましょう。そのためには、快適な眠り空間を作ること。寝室は、スッキリ片付けて、氣の通る空間をつくりましょう。寒色系でコーディネイトして、照明も落ち着いたトーンのものにしましょう。寝具やパジャマも自然素材で、エネルギーが浸透しやすいものを選びましょう。

自分の心と体が自然に緩む空間が、眠るための極上空間です。

26 損か得かの選択をやめて、好きか嫌いかを判断基準にする

あなたは、何かを選ぶとき、どんな基準で選んでいますか？　この選択は正しいか正しくないか、損か得かなど、過去の経験をもとにいろいろ考えるのが普通です。で

も、どんなに考えても間違うことがあって、後悔することが少なくありません。後悔の念は、大きな負のエネルギーで、幸せを遠ざけるもの。できれば、後悔することは避けたいですね。そのいちばん簡単な方法は、好きか嫌いかを判断基準にすることです。そうすれば、万が一、予想外の結果になったとしても、「好きで選んだのだから仕方がない」と、潔く諦めることができるのです。「ああすればよかった」と、考えてもしょうがない繰言《くりごと》で、無駄にエネルギーを消耗することはありません。

27 幸せな友だちと仲良くする

幸せな人は、穏やかな氣を放っています。オーラに透明感があり輝いているのです。幸せな人と一緒にいると、何だか嬉しい気持ちになるのはそのためです。お互いの氣は、とても影響を与え合っているのです。ですから、幸せな人のそばにいるのは、それだけで、幸せエネルギーを高めることなのです。さらに、効果的に幸せエネルギーを受け取るためには、幸せな人の気持ちになって、幸せを喜んであげること。そうすれば、あなたにも、大きな幸せが巡ってくるはずです。

28 楽しかったことを繰り返し話す

楽しかったことを話すとき、幸せエネルギーは、自然に倍増します。楽しかったこと、嬉しかったことを話すときは、そのときの状況が心に甦り、ワクワクエネルギーが心に巡るからです。何度でも繰り返し話せば、幸せな記憶が細胞に刻み込まれます。

聞いている人も幸せな気持ちになれる体験を、できるだけ話しましょう。そうすれば、あなただけでなく、周りの人も幸せ波動に包まれることでしょう。

29 幸せ記念日をつくる

幸せ記念日をつくりましょう。特別な何かである必要はありません。心が幸せを感じた度合いが高ければ、どんなことでも幸せ記念日です。

そして、特別な日には、メモリアルな何かを買うのも、ステキな習慣です。それを見るたびに、そのときの幸せ感が甦っているからです。幸せの記憶をものに封じ込めてキープしましょう。

高いものである必要はありませんが、その瞬間を思い出せるメモリアルなものを持つのは、幸せ感を持続させる魔法のグッズです。

例えば、子どもが生まれたときに、子どもの誕生石の入ったアクセサリーを買って、20歳になったときにプレゼントすれば、とってもスペシャルな成人の記念になるでしょう。

30 17歳の自分が好きだった場所に行ってみる

17歳の自分が好きだった場所に行ってみましょう。そこには、あなたが、描いた夢やワクワクした気持ちが残っています。日常に疲れたとき、夢を忘れかけたとき、純粋な気持ちの自分に出逢ってみましょう。あの頃の気持ちになれば、もっと人生を楽しめるはずです。

31 世界地図を眺めてイメージトリップをする

実際に海外旅行に行く時間やお金がなくても、イメージで好きな国に行くことは可能です。地図を眺めながら、憧れの町を旅してみましょう。意識が広がると、氣も大きく広がっていきます。

32 自然と触れ合ってエネルギーを充電しよう

氣は、私たちの体内にも生命エネルギーとして存在していますが、自然は、それよりもはるかに大きなエネルギー量を持っています。ですから、心身が疲れ切ってからっぽになってしまったときには、自然と触れ合うことで、エネルギーをもらうことができるのです。

緑の中で大きく呼吸をして、新鮮なエネルギーを吸い込みましょう。

海の香りを嗅ぎながら、心を開放しましょう。

大地に寝転がって、地球と仲良くなりましょう。

星を眺めながら、宇宙のエネルギーを受け取りましょう。

自然は、大きなパワーを与えてくれます。

33 一日の終わりにソルトバスで浄化すれば、純粋なエネルギーが巡りだす

ソルトバスは塩をたっぷり入れた塩湯のことです。とても強い浄化作用を持ちます。

体の疲れも心の苛立ちも、速やかに浄化しておくことが、エネルギーを濁らせない秘訣です。

ストレスは抱え込まないこと。ちょっと嫌な出来事は、一日で浄化してしまいましょう。自分を責めたり、人を非難するような心の動きは、氣を低下させる以外の何ものでもありません。心の中に、ますますネガティブなエネルギーが増えてしまいます。お風呂に、大さじ3杯の塩を溶かして入浴すれば、ネガティブなエネルギーが溶け出して浄化されます。デトックス効果もあるので、美容・健康にも良いものです。

34 大好きな樹にときどき会いに行く

樹は大きなパワーを持っています。大きなエネルギーで、一瞬にして包み込んでくれるのです。樹と仲良くなると、樹が、あなたに必要なエネルギーを分け与えてくれるはずです。自然の中や公園で、大きなお気に入りの樹を見つけてみましょう。パワーを高めたいとき、癒されたいとき、自分の樹に会いに行くのは、とてもステキな習慣です。

35 なりたい自分に近い人の真似をする

素敵な人、憧れの人に近づくには、その人をお手本とするのがいちばんです。

歩き方、あいさつの仕方、お茶の飲み方、何でも、少しずつ、真似てみましょう。自分をエレガントにカッコよくしていく近道です。

36 「大丈夫!」と自分に言い聞かせる

どんなことがあっても、あなたは、守られているということを、忘れないための魔法の言葉です。トラブルが起きたとき、パニックになって、いつもの平静さを失うと、事態はますます悪化します。氣が停滞すると、運気も停滞するのです。

逆境にあるときほど、氣を高める必要があるのです。氣を必要以上に消耗しないように、まずは、「大丈夫!」と自分に言い聞かせましょう。そうすれば、必ず大きな力がサポートしてくれるはずです。

Epilogue

この本は、煌めく日常をつくるバイブルです。どんなときも、あなたを勇気づけ、応援してくれることでしょう。

私が、本書で伝えたかったことは、たったひとつ。

今の瞬間から、氣的に生きれば、人生は、もっともっと楽しくなるということです。心がワクワク、体がイキイキする状態ならば、様々な困難を打ち破って未来に向かって進んでいけると私は考えています。

絶望の淵にあっても、そこから這い上がる方法さえ知っていれば、絶望ではないのです。マイナスの感情から心を解放すること、周りとの調和力を高めること、そうすれば、楽しい現象が立て続けに起きる。それが、氣的生活です。

本書を書き下ろすにあたって、過去の氣的生活実践者のデータを見直してみました。過去20年間の膨大なデータは、私が、本書を書き進めるための自信と確信を高めてくれるものでした。

今がどんな状況であっても、氣的生活をすることで、未来に希望を持てるようになる。暗い現実をたちどころに煌めく現実に変えることができたという体験者の方々のレポートは、どれも、感動と喜びにあふれていました。状況は様々ですが、どの方の体験も氣の無限の可能性を立証するもので、まさに不可能を可能に変えたと言えるものです。

「簡単に楽しく確実に結果を出す」ことを根底につくり上げたメソッドは、ワクワクする氣的生活を実現し、あなたの人生を飛躍的に好転させるのです。

暗い現実を見過ぎて、心にブレーキがかかってしまっている人も、まずは一週間、トライしてみましょう。氣的生活のスイッチがオンになって、心も体もワクワクする感覚を楽しんで、お過ごしください。

観月　環

2012年6月22日　夏至の日に

観月環　*Tamaki Mizuki*
観月流和気道代表・創位。
「氣」を生活の中に取り入れた「氣的生活」を提案し、人生をグレードアップさせるための氣の活用法「和気道メソッド」を開発。観月流和気道の受講生はすでに10万人を超え、健康、美容、ビジネス、能力開発などのあらゆる分野で高い評価を受けている。その影響は海外にもおよび、各地に支部があり、全世界にファンを持つ。近年は、音の力を活用した「音氣法」を開発し、ヒーリングコンサートも開催している。
著書は、『「氣」のアンテナを立てて夢をかなえる本』（マキノ出版）、『たった一息で自分を取り戻す魔法の呼吸』（大和書房）、『魂の原点にかえる書き込み式ワークブック』（マガジンハウス）、『ヒーリングハワイ』（主婦と生活社）、『お金持ちになる魔法のエネルギーを手に入れる方法』（毎日コミュニケーションズ）、『願を叶える７つの物語 VOL. １～７』『宇宙マインドで極上の幸せを手に入れる方法』（総合法令出版）など多数。

観月流和気道 HP
http://www.mizuki-ryu.com/

氣的生活倶楽部
http://www.kitekiseikatsu.com/club/index01.html

メルマガ「観月環の氣的生活らくらくレッスン」
http://www.mag2.com/m/0000170229.html

オフィシャルブログ「観月環の『今日もいい気分』」
http://ameblo.jp/tamaki-mizuki/

視覚障害その他の理由で活字のままでこの本を利用出来ない人のために、営利を目的とする場合を除き「録音図書」「点字図書」「拡大図書」等の製作をすることを認めます。その際は著作権者、または、出版社までご連絡ください。

一週間で氣を高め心と体を元気にする方法

2012年 8 月 11 日　初版発行

著　者　観月環
発行者　野村直克
発行所　総合法令出版株式会社
〒107－0052　東京都港区赤坂 1 － 9 －15
日本自転車会館 2 号館 7 階
電話　03－3584－9821（代）
振替　00140－0－69059
印刷・製本　中央精版印刷株式会社

ISBN978-4-86280-315-3

Printed in Japan

総合法令出版ホームページ　http://www.horei.com/

Vol. 5 成功者になれるCDブック

（CD音源：ボルネオ自然音＋第5チャクラに対応するクリスタルボウル演奏）

リストラされ、餞別にもらったチケットでボルネオへ旅立った希は、成功するための宇宙の摂理を知る。CD音源は、創造力のパワー溢れるボルネオの自然音に、第5チャクラを活性化させるクリスタルボウル演奏を加えています。あなたの中の知性と創造性が目を覚ますでしょう。

Vol. 6 美しくなれるCDブック

（CD音源：ニューカレドニア自然音＋第6チャクラに対応するクリスタルボウル演奏）

真の美しさを求めてニューカレドニアへ旅立つココロ。そこで手にした美の秘密とは？　CD音源は、全てが美しいウベア島の自然音に、第6チャクラを活性化させるクリスタルボウル演奏を加えています。あなたのキレイ細胞が刺激され、誰もが虜になる美しさを得られるのです。

Vol. 7 好かれる人になるCDブック

（CD音源：バリ島自然音＋第7チャクラに対応するクリスタルボウル演奏）

ふとしたきっかけで一人バリ島へ旅立つ人見知りの唯。人々との出会いの中で知るまだ見ぬ自分。CD音源は、神々の島の神秘的な自然音に、第7チャクラを活性化させるクリスタルボウル演奏を加えています。優しい調和の氣を持った、誰からも好かれるあなたに変わるでしょう。

愛蔵版

願いを叶える７つの物語ＣＤブック

※ BOX入り（7冊セット）

観月環／著　小久保隆／CDプロデュース　9,555円（税込）

愛蔵版のみの特典として、
観月環の
「チャクラ・サウンド・セラピー」
ダイジェストCD １枚付

特典ＣＤは、各付属ＣＤ音源に観月環のナレーションを収録したスペシャル版！豪華特製ＢＯＸ入りで、自分へのご褒美、大切な人への贈り物に最適！